BRIAN GAGG

WORTSUCHRÄTSEL
5 in 1 SAMMELBAND

UFO, SCIENCE FICTION, HORROR, KRIMINALITÄT und HALLOWEEN

AF175339

 Bibliografische Information der Deutschen Nationalbibliothek:
Die Deutsche Nationalbibliothek verzeichnet diese Publikation in der Deutschen Nationalbibliografie; detaillierte bibliografische
Daten sind im Internet über http://dnb.dnb.de abrufbar.

© 2021 Brian Gagg; 1. Auflage
Covergrafik / Illustrationen Copyright © 2021 Brian Gagg and its licensors. All rights reserved.
Texte © 2021 Brian Gagg
Herstellung und Verlag: BoD – Books on Demand, Norderstedt
ISBN: 9783754346693

Inhaltsangabe   Seite

Einleitung

Auf den folgenden Seiten finden sich thematisch sortierte Wortsuchrätsel. Um ein Wortsuchrätsel zu lösen, müssen alle jeweils aufgelisteten Worte in der darüber befindlichen Buchstabenmatrix gefunden werden. Ist ein Wort gefunden, sollte es mit einem Stift umkreist und das gefundene Wort aus der Liste gestrichen werden. Sind alle Worte aus der Liste gefunden, ist das Rätsel gelöst. Bei Schwierigkeiten ein Rätsel zu lösen, kann die Lösung jeweils auf der Rückseite nachgeschaut werden. Die zu findenden Worte sind jeweils als ganzes (d.h. immer nur in einer Richtung und ungebrochen) in der Matrix nach folgenden Regeln versteckt:

- Suchworte können sich überlagern, d.h. ein Buchstabenkästchen kann von mehreren Suchworten genutzt sein.

- Worte können vorwärts, rückwärts, horizontal, vertikal oder diagonal in der Matrix versteckt sein.

- Suchworte stehen für sich alleine und sind unter- oder nebeneinander aufgelistet.

E	R	A	D	O	H	K	U	F	O	U	V	O	Q	J	T	E	R	Z
B	X	Q	T	I	A	X	U	M	B	Z	B	J	V	T	Z	L	U	T
Z	H	W	S	E	Y	I	L	Z	V	J	E	N	A	T	F	F	C	V
Z	Y	C	H	E	O	M	B	M	E	Z	O	A	A	P	O	V	S	P
G	H	A	D	V	S	F	A	K	B	S	O	X	B	L	A	Q	D	R
S	O	B	T	Z	W	T	T	L	N	V	K	Z	O	S	Z	O	F	H
F	Z	F	O	Y	Q	E	O	N	R	O	E	G	P	S	T	M	F	Z
V	I	R	U	T	K	V	E	S	I	F	I	G	E	E	D	U	O	Z
U	X	N	Y	E	Q	B	U	I	E	E	I	Y	H	H	Y	Q	R	C
N	P	E	P	L	E	A	J	C	T	N	O	W	C	C	Z	L	N	Z
E	H	C	I	L	T	F	A	H	C	S	N	E	S	S	I	W	E	H
R	E	R	X	O	R	F	I	T	G	B	O	T	I	I	O	F	I	K
K	R	Y	Q	V	E	L	Z	U	N	G	Q	T	T	D	Y	N	R	L
L	S	E	R	S	H	D	V	N	P	S	V	E	S	R	J	G	O	F
A	C	W	E	I	C	R	E	G	R	P	P	R	I	I	N	L	E	L
E	H	M	Y	N	U	D	O	E	H	Q	P	B	R	R	C	L	H	U
R	E	O	X	M	S	Q	M	N	E	H	A	A	R	E	F	S	T	G
B	I	E	I	I	E	T	A	L	O	O	E	L	E	S	H	B	B	B
A	N	G	Y	E	B	Q	P	J	F	B	W	L	T	S	M	N	Y	A
R	U	L	G	H	P	X	X	T	J	T	E	O	A	U	N	D	T	H
E	N	I	C	E	Y	D	W	Z	I	Z	V	N	R	A	J	Q	T	N
B	G	C	T	G	H	Z	E	Y	W	A	I	J	T	F	K	K	V	E
B	E	H	G	U	Z	V	I	O	U	V	E	J	X	O	H	O	J	N
W	N	K	Z	G	N	H	U	F	V	L	J	L	E	H	F	E	P	A

1

WISSENSCHAFTLICHE THEORIEN

EXTRATERRISTISCHE BESUCHER

UNERKLAERBARE FLUGBAHNEN

GEHEIMNISVOLLE ERSCHEINUNGEN

AUSSERIRDISCHES LEBEN MOEGLICH

SICHTUNGEN

UFOLOGIE

UFO OBJEKTE

UFO ABSTURZ

WETTERBALLON

Lösung

```
E R A D O H K U F O U V O Q J T E R Z
B X Q T I A X U M B Z B J V T Z L U T
Z H W S E Y I L Z V J E N A T F F C V
Z Y C H E O M B M E Z O A A P O V S P
G H A D V S F A K B S O X B L A Q D R
S O B T Z W T T L N V K Z O S Z O F H
F Z F O Y Q E O N R O E G P S T M F Z
V I R U T K V E S I F I G E E D U O Z
U X N Y E Q B U I E E I Y H H Y Q R C
N P E P L E A J C T N O W C C Z L N Z
E H C I L T F A H C S N E S S I W E H
R E R X O R F I T G B O T I I O F I K
K R Y Q V E L Z U N G Q T T D Y N R L
L S E R S H D V N P S V E S R J G O F
A C W E I C R E G R P P R I I N L E L
E H M Y N U D O E H Q P B R R C L H U
R E O X M S Q M N E H A A R E F S T G
B I E I E T A L O O E L E S H B B B
A N G Y E B Q P J F B W L T S M N Y A
R U L G H X X T J T E O A U N D T H
E N I C E Y D W Z I Z V N R A J Q T N
B G C T G H Z E Y W A I J T F K K V E
B E H G U Z V I O U V E J X O H O J N
W N K Z G N H U F V L J L E H F E P A
```

```
Y  J  A  D  E  L  D  T  O  U  I  B  A  M  D  U  A  O  Z
U  R  E  G  I  E  R  U  N  G  W  E  R  E  T  H  G  I  F
D  V  S  U  M  H  F  G  X  E  M  R  C  H  D  W  N  I  J
D  U  R  C  H  O  N  Y  N  U  A  P  R  M  V  K  Z  G  D
F  G  I  I  N  U  V  C  Q  P  S  W  C  D  H  L  S  B  P
C  Q  J  D  R  M  O  P  D  Q  S  H  G  I  G  O  S  I  R
P  A  W  I  G  U  R  K  C  L  E  E  K  U  Q  N  F  V  U
L  Z  M  V  N  E  U  A  K  X  N  Q  S  P  I  X  V  T  T
W  L  U  T  Q  N  Z  L  L  R  S  R  N  O  F  J  E  I  H
A  I  E  I  M  T  D  V  U  A  I  X  B  O  L  X  G  D  I
H  R  N  P  Q  F  Q  Y  M  A  C  M  L  S  K  C  Q  L  R
R  Y  K  F  B  U  Y  U  J  E  H  C  L  K  I  N  D  F  D
H  E  I  D  K  E  N  N  R  M  T  O  P  H  J  V  L  O  S
E  T  E  E  X  H  L  G  D  D  U  T  H  Y  R  V  G  O  A
I  F  J  T  N  R  E  E  V  P  N  P  F  E  E  G  R  W  Z
T  A  S  K  O  U  T  W  W  S  G  H  N  R  S  W  O  K  T
V  H  N  E  G  N  U  O  E  Q  E  Y  S  U  P  Y  L  L  A
X  L  E  J  A  G  Q  E  P  E  N  C  M  O  T  J  Y  O  L
G  E  I  B  T  X  S  H  V  T  H  U  R  H  P  B  P  H  P
M  S  L  O  N  T  J  N  A  W  C  D  C  R  S  M  L  P  E
J  T  A  P  E  B  B  L  E  Z  A  I  C  H  M  G  E  F  D
R  E  Q  L  P  Y  S  I  B  H  R  R  U  I  W  W  O  T  N
Q  A  B  Q  J  T  G  C  E  E  Q  K  F  X  F  Z  O  R  A
O  R  O  A  N  T  V  H  B  A  W  K  O  M  E  O  F  C  L
```

2

RAETSELHAFTE OBJEKTE   MASSENSICHTUNGEN

ENTFUEHRUNG DURCH ALIENS   PENTAGON BERICHT

UNGEWOEHNLICH HOHES TEMPO   UFO LANDEPLATZ

CLOSE ENCOUNTER THIRD KIND   FOO FIGHTER

REGIERUNG VERSCHWEIGT WAHRHEIT UFO ALARM

Lösung

```
Y J A D E L D T O U I B A M D U A O Z
U R E G I E R U N G W E R E T H G I F
D V S U M H F G X E M R C H D W N I J
D U R C H O N Y N U A P R M V K Z G D
F G I I N U V C Q P S W C D H L S B P
C Q J D R M O P D Q S H G I G O S I R
P A W I G U R K C L E E K U Q N F V U
L Z M V N E U A K X N Q S P I X V T T
W L U T Q N Z L L R S R N O F J E I H
A I E I M T D V U A I X B O L X G D I
H R N P Q F Q Y M A C M L S K C Q L R
R Y K F B U Y U J E H C L K I N D F D
H E I D K E N N R M T O P H J V L O S
E T E E X H L G D D U T H Y R V G O A
I F J T N R E E V P N P F E E G R W Z
T A S K O U T W W S G H N R S W O K T
V H N E G N U O E Q E Y S U P Y L L A
X L E J A G Q E P E N C M O T J Y O L
G E I B T X S H V T H U R H P B P H P
M S L O N T J N A W C D C R S M L P E
J T A P E B B L E Z A I C H M G E F D
R E Q L P Y S I B H R R U I W W O T N
Q A B Q J T G C E E Q K F X F Z O R A
O R O A N T V H B A W K O M E O F C L
```

```
B  J  W  X  C  I  O  Y  O  L  Q  G  Y  B  L  B  B  B  O
R  H  J  O  E  M  T  N  U  H  C  O  L  E  R  N  E  Q  T
G  X  W  C  N  V  R  E  T  N  U  O  C  N  E  S  W  Q  C
N  G  E  S  C  H  W  I  N  D  I  G  K  E  I  T  M  L  C
U  M  Z  A  N  W  C  M  W  C  V  U  Z  W  Y  L  O  A  L
M  D  P  R  O  X  Y  M  R  D  B  R  W  V  B  S  K  Q  L
H  P  B  E  I  M  T  G  X  O  E  E  G  K  E  V  O  N  A
A  S  J  M  T  E  E  N  Q  I  L  V  I  D  E  O  S  T  H
N  N  R  A  A  K  O  F  Z  C  L  D  N  O  C  E  S  T  C
G  J  N  K  M  R  B  F  W  J  E  G  T  U  E  H  L  F  S
A  M  A  T  R  E  Y  K  U  Q  A  G  H  L  K  Y  C  V  R
L  H  N  O  O  P  K  S  I  D  F  P  G  U  T  B  T  A  E
H  N  E  R  F  O  I  W  B  V  S  G  I  N  L  U  M  F  B
C  E  M  A  N  R  Z  F  E  L  G  G  L  G  G  N  T  J  E
S  S  H  R  I  T  E  V  R  G  N  F  Y  E  M  S  D  Y  U
E  I  A  F  S  E  N  N  I  P  U  A  A  L  I  E  H  M  C
B  E  N  N  E  D  A  W  C  R  T  K  D  O  T  R  M  O  Z
D  W  F  I  D  W  O  P  H  A  H  E  B  E  T  I  N  Y  W
B  E  U  O  U  T  U  Z  T  M  C  J  O  S  N  O  E  S  X
A  B  A  J  K  H  G  G  E  P  I  H  L  T  Q  E  Y  O  C
L  V  T  X  X  I  C  I  Z  Q  S  R  B  E  U  S  X  B  B
C  H  R  T  G  Z  C  N  C  I  U  C  Y  J  J  E  W  V  A
Q  F  U  M  W  T  J  W  A  X  M  E  H  U  P  B  V  F  L
L  Q  J  A  E  W  H  S  B  Q  S  Y  N  D  N  I  K  D  W
```

3 UNGELOESTE SICHTUNGSFAELLE
UEBERSCHALL GESCHWINDIGKEIT
CLOSE ENCOUNTER SECOND KIND
BESCHLAGNAHMUNG VON BEWEISEN
AUFNAHMEN MIT INFRAROTKAMERA

FAKE VIDEOS
DESINFORMATION
UNSERIOESE REPORTE
UFO BERICHTE
DAYLIGHT DISK

Lösung

```
B J W X C I O Y O L Q G Y B L B B B O
R H J O E M T N U H C O L E R N E Q T
G X W C N V R E T N U O C N E S W Q C
N G E S C H W I N D I G K E I T M L C
U M Z A N W C M W C V U Z W Y L O A L
M D P R O X Y M R D B R W V B S K Q L
H P B E I M T G X O E E G K E V O N A
A S J M T E E N Q I L V I D E O S T H
N N R A A K O F Z C L D N O C E S T C
G J N K M R B F W J E G T U E H L F S
A M A T R E Y K U Q A G H L K Y C V R
L H N O O P K S I D F P G U T B T A E
H N E R F O I W B V S G I N L U M F B
C E M A N R Z F E L G G L G G N T J E
S S H R I T E V R G N F Y E M S D Y U
E I A F S E N N I P U A A L I E H M C
B E N N E D A W C R T K D O T R M O Z
D W F I D W O P H A H E B E T I N Y W
B E U O U T U Z T M C J O S N O E S X
A B A J K H G G E P I H L T Q E Y O C
L V T X X I C I Z Q S R B E U S X B B
C H R T G Z C N C I U C Y J J E W V A
Q F U M W T J W A X M E H U P B V F L
L Q J A E W H S B Q S Y N D N I K D W
```

```
N  B  S  L  I  C  L  A  T  X  F  X  Q  J  X  U  O  I  E
V  A  T  H  M  S  O  A  S  F  K  Y  O  W  P  I  F  P  T
X  O  J  L  W  S  C  E  E  E  B  I  X  Y  Q  E  A  O  K
V  V  M  M  A  Q  G  R  U  M  E  Z  N  V  F  G  Z  L  D
U  F  O  I  S  I  S  A  M  H  L  B  F  M  M  R  G  O  F
N  V  Q  L  T  Y  C  F  M  A  L  L  Z  W  E  I  T  E  N
G  P  F  I  R  L  V  L  M  N  E  D  Y  F  P  W  S  H  M
A  R  B  T  O  W  W  U  W  F  T  Z  Q  P  L  R  Y  G  U
T  T  W  A  N  E  Z  G  A  U  S  Q  C  X  G  E  E  E  E
L  V  X  E  O  L  P  M  I  A  E  L  E  K  N  T  B  V  N
I  M  L  R  M  T  Q  A  O  O  D  W  U  O  G  E  F  V  T
C  Z  T  B  I  K  R  N  N  E  L  U  O  D  R  N  I  F  D
H  R  D  A  S  R  E  O  F  D  E  F  Y  L  D  R  F  V  E
T  Y  P  S  C  I  H  E  B  I  M  O  E  F  Y  N  T  X  C
O  I  Q  I  H  E  C  V  A  V  O  G  Y  A  P  U  Y  S  K
B  I  R  S  E  G  S  E  F  E  E  J  H  Y  I  X  O  C  U
J  F  L  S  X  K  R  R  I  N  N  W  X  H  T  C  N  L  N
E  X  K  A  A  E  O  F  E  T  X  A  H  Z  Y  M  E  G  G
K  S  D  K  T  E  F  Q  P  V  R  F  D  K  O  U  X  R  X
T  J  T  G  O  L  R  P  U  V  O  Q  O  T  S  F  E  E  Q
E  J  E  E  Q  L  E  R  K  T  B  X  B  T  A  O  U  G  L
F  F  R  M  Y  H  B  X  O  M  J  E  O  B  W  N  L  M  N
S  O  E  C  Y  L  E  P  H  Z  R  D  X  S  I  Q  Z  K  M
D  Z  V  U  F  O  U  Y  J  N  M  A  K  S  Q  R  J  D  H
```

 UFO VIDEOAUFNAHME UFO MELDESTELLE
UFO UEBER MILITAERBASIS AREA FIFTYONE
UEBERLEGENE FLUGMANOEVER FOTO VOM UFO
ASTRONOMISCHE ENTDECKUNG UFO FORSCHER
LICHTOBJEKTE IM ZWEITEN WELTKRIEG MUFON

Lösung

```
N B S L I C L A T X F X Q J X U O I E
V A T H M S O A S F K Y O W P I F P T
X O J L W S C E E B I X Y Q E A O K
V V M M A Q G R U M E Z N V F G Z L D
U F O I S I S A M H L B F M M R G O F
N V Q L T Y C F M A L L Z W E I T E N
G P F I R L V L M N E D Y F P W S H M
A R B T O W W U W F T Z Q P L R Y G U
T T W A N E Z G A U S Q C X G E E E
L V X E O L P M I A E L E K N T B V N
I M L R M T Q A O O D W U O G E F V T
C Z T B I K R N N E L U O D R N I F D
H R D A S R E O F D E F Y L D R F V E
T Y P S C I H E B I M O E F Y N T X C
O I Q I H E C V A V O G Y A P U Y S K
B I R S E G S E F E E J H Y I X O C U
J F L S X K R I N N W X H T C N L N
E X K A A E O F E T X A H Z Y M E G G
K S D K T E F Q P V R F D K O U X R X
T J T G O L R P U V O Q O T S F E E Q
E J E E Q L E R K T B X B T A O U G L
F F R M Y H B X O M J E O B W N L M N
S O E C Y L E P H Z D X S I Q Z K M
D Z V U F O U Y J N M A K S Q R J D H
```

```
E O U Q H C K I D N A P P I N G N P B
T G G B Z T K C D D E S N K B O O J Z
K H L T Z O X X R X K U Q C A I I X S
E V X L A T O E V G W R Z D Z T T R M
J E E H Q X L G Y O E W Q S H H K P Y
O Q N R L A N R U T C O N R V S A C I
R K P Z S G N U T H C I S Z T J S I N
P Q B T D C U R I C R G Z H R O G K T
S M H F R F H J J E D Z G O R Y N W E
G U U A O N E W G T B I P K D P U U L
N X Q A C H V K O R L A Z A G B H F L
U O N F J C R O I E F Y J C E W C O I
R L P G P G I R F I R V I D H L S L G
E M P K L A C N R T E U X T E A U O E
I R U A T U M K N N M O N C I B T G N
G Q X A G D G R R E I G A G M S R E T
E X I F R G W E P M E G J E H T E M E
R P H W X T C I C U H I J H A U V U B
B E N F X W L S H K E U I T L R V F Q
W F F S G Y C E V O G X T V T Z Q D S
E G Z F Y X Q D W D F H K C U E M H I
M A N O E V E R Z S X P G E N P X L U
X M O M W F I N A H B A G S G I A S F
R Q O P R O R D J L Q G C N B Y H Z X
```

5

VERSCHWOERUNG
INTELLIGENTE MANOEVER
DOKUMENTIERTE SICHTUNG
GEHEIMHALTUNG UFO ABSTURZ
GEHEIME REGIERUNGSPROJEKTE

WELTRAUM KIDNAPPING
VERTUSCHUNGSAKTION
NOCTURNAL LIGHTS
KORNKREISE
UFOLOGE

Lösung

```
E  O  U  Q  H  C  K  I  D  N  A  P  P  I  N  G  N  P  B
T  G  G  B  Z  T  K  C  D  D  E  S  N  K  B  O  O  J  Z
K  H  L  T  Z  O  X  X  R  X  K  U  Q  C  A  I  I  X  S
E  V  X  L  A  T  O  E  V  G  W  R  Z  D  Z  T  T  R  M
J  E  E  H  Q  X  L  G  Y  O  E  W  Q  S  H  H  K  P  Y
O  Q  N  R  L  A  N  R  U  T  C  O  N  R  V  S  A  C  I
R  K  P  Z  S  G  N  U  T  H  C  I  S  Z  T  J  S  I  N
P  Q  B  T  D  C  U  R  I  C  R  G  Z  H  R  O  G  K  T
S  M  H  F  R  F  H  J  J  E  D  Z  G  O  R  Y  N  W  E
G  U  U  A  O  N  E  W  G  T  B  I  P  K  D  P  U  U  L
N  X  Q  A  C  H  V  K  O  R  L  A  Z  A  G  B  H  F  L
U  O  N  F  J  C  R  O  I  E  F  Y  J  C  E  W  C  O  I
R  L  P  G  P  G  I  R  F  I  R  V  I  D  H  L  S  L  G
E  M  P  K  L  A  C  N  R  T  E  U  X  T  E  A  U  O  E
I  R  U  A  T  U  M  K  N  N  M  O  N  C  I  B  T  G  N
G  Q  X  A  G  D  R  R  E  I  G  A  G  M  S  R  E  T
E  X  I  F  R  G  W  E  P  M  E  G  J  E  H  T  E  M  E
R  P  H  W  X  T  C  I  C  U  H  I  J  H  A  U  V  U  B
B  E  N  F  X  W  L  S  H  K  E  U  I  T  L  R  V  F  Q
W  F  F  S  G  Y  C  E  V  O  G  X  T  V  T  Z  Q  D  S
E  G  Z  F  Y  X  Q  D  W  D  F  H  K  C  U  E  M  H  I
M  A  N  O  E  V  E  R  Z  S  X  P  G  E  N  P  X  L  U
X  M  O  M  W  F  I  N  A  H  B  A  G  S  G  I  A  S  F
R  Q  O  P  R  O  R  D  J  L  Q  G  C  N  B  Y  H  Z  X
```

```
N E G P M G Z K P A Q A V X D I U I V
E H K K O R R X P R A E N E J A N A U
G C Q B T E A K X X S B K I Z E S G Q
N I M U D T D Z V W G H X X T Q G S I
U L C S L A K K W E E Z Q H H I F C
T T B R I U R V P J K I I R P R D N U
H T F C B M P O S P U F A N V M W T G
C I B H K S C V O B F G M P E S A N N
I R M V S G M G G G W W D T L G E K F
S H W D F N B E I R T N A A E R S E U
T C B T N U E A P F F N U S K Z B I R
H S F E K G G T E R E S S E M Q R N F
C T X C H E H I W R I I N H I U O E U
A R F H X W E G A V C N B M O U Q K A
N O Z N Y E D B R H B B N H S W R O N
N F D I W B R O T A K P P W J E K Y E
S L M K W E U U R E I G O L O F U M G
Z Q M N A A N E N J E C I Y G I R V U
S N V L O G R L H A G V T C L Z O C E
G O K J E E N I O B W M H R E B E U Z
E R F N A Z L A I R E T A M O E D I V
E T E U K E I N Y S Y O E S R K W Y E
E T H C I R E B S N E I D M I E H E G
E B H Z B U D S W M T S Q M P S F P G
```

6

GEHEIMDIENSBERICHTE
FORTSCHRITTLICHE TECHNIK
KEIN ERKENNBARER ANTRIEB
BILD UND VIDEOMATERIAL UEBER UFOS
KEINE ERKLAERBAREN BEWEGUNGSMUSTER

TAGESSICHTUNGEN
NACHTSICHTUNGEN
RADAR VISUALS
ZEUGENAUFRUF
UFOLOGIE

Lösung

```
N E G P M G Z K P A Q A V X D I U I V
E H K K O R R X P R A E N E J A N A U
G C Q B T E A K X X S B K I Z E S G Q
N I M U D T D Z V W G H X X T Q G S I
U L C S L S A K K W E E Z Q H H I F C
T T B R I U R V P J K I I R P R D N U
H T F C B M P O S P U F A N V M W T G
C I B H K S C V O B F G M P E S A N N
I R M V S M G G G W W D T L G E K F
S H W D F N B E I R T N A A E R S E U
T C B T N U E A P F F N U S K Z B I R
H S F E K G G T E R E S S E M Q R N F
C T X C H E H I W R I I N H I U O E U
A R F H X W E G A V C N B M O U Q K A
N O Z N Y E D B R H B B N H S W R O N
N F D I W B R O T A K P P W J E K Y E
S L M K W E U U R E I G O L O F U M G
Z Q M N A A N E N J E C I Y G I R V U
S N V L O G R L H A G V T C L Z O C E
G O K J E E N I O B W M H R E B E U Z
E R F N A Z L A I R E T A M O E D I V
E T E U K E I N Y S Y O E S R K W Y E
E T H C I R E B S N E I D M I E H E G
E B H Z B U D S W M T S Q M P S F P G
```

```
N P X V P C U U X Q Q P R Q L C A Y H
E L C X L A A F M Y D P A H G K K O V
G I T E S B D M O R K J E L J M X V V
N K A I N Z I F Y S T T H R P J D Y W
U L I F C T W K N P D D C D L H A G H
N E G D E R A E W J F C S T I U A R X
I M I A V K T U A Z D C I B U S Z Z X
E M R U T O J V R E Z T D I B A N R O
H I S J L O V U B I S E R L I R G L L
C H A I E B F Q U W Y J I D N E M K T
S S P V A E Y U U J O K R A B M R E U
R Q L X H D N U A L E Y E N X A O J T
E A M V A G N U T H C I S A K K F E I
T R E D L I B R A D A R S L E D S T T
H U Y L G V I A K Z S G U Y D R N S S
C O R X O J S F M Y G E A S N O E L N
I W E L T T U M E E V U S E E B B Q I
L X C B F P F D G W C A A N Z D E L O
Y E H C S I L L A T E M N Z N Z L U Y
L N W A W K S F E F U L P Y E K I B C
W U M N T Q O V S Z S O W X A B U H Y
Z C I O M Z E S E Y V A N N L T C F C
Z R D B D V F Y G J B V S S G X F C T
Q P J H H C R U D Y G X W C G B E A W
```

7 AUSSERIRDISCHE LEBENSFORM   ALPHA CENTAURI
  BORDKAMERAS DER NAVY JETS   BILDANALYSEN
  SICHTUNG DURCH NAVY PILOTEN RADARBILDER
  METALLISCHE GLAENZENDE UFOS WELT UFOTAG
  LICHTERSCHEINUNGEN AM HIMMEL SETI INSTITUT

Lösung

```
N  P  X  V  P  C  U  U  X  Q  Q  P  R  Q  L  C  A  Y  H
E  L  C  X  L  A  A  F  M  Y  D  P  A  H  G  K  K  O  V
G  I  T  E  S  B  D  M  O  R  K  J  E  L  J  M  X  V  V
N  K  A  I  N  Z  I  F  Y  S  T  T  H  R  P  J  D  Y  W
U  L  I  F  C  T  W  K  N  P  D  D  C  D  L  H  A  G  H
N  E  G  D  E  R  A  E  W  J  F  C  S  T  I  U  A  R  X
I  M  I  A  V  K  T  U  A  Z  D  C  I  B  U  S  Z  Z  X
E  M  R  U  T  O  J  V  R  E  Z  T  D  I  B  A  N  R  O
H  I  S  J  L  O  V  U  B  I  S  E  R  L  I  R  G  L  L
C  H  A  I  E  B  F  Q  U  W  Y  J  I  D  N  E  M  K  T
S  S  P  V  A  E  Y  U  U  J  O  K  R  A  B  M  R  E  U
R  Q  L  X  H  D  N  U  A  L  E  Y  E  N  X  A  O  J  T
E  A  M  V  A  G  N  U  T  H  C  I  S  A  K  K  F  E  I
T  R  E  D  L  I  B  R  A  D  A  R  S  L  E  D  S  T  T
H  U  Y  L  G  V  I  A  K  Z  S  G  U  Y  D  R  N  S  S
C  O  R  X  O  J  S  F  M  Y  G  E  A  S  N  O  E  L  N
I  W  E  L  T  T  U  M  E  E  V  U  S  E  B  B  Q  I
L  X  C  B  F  P  F  D  G  W  C  A  A  N  Z  D  E  L  O
Y  E  H  C  S  I  L  L  A  T  E  M  N  Z  N  Z  L  U  Y
L  N  W  A  W  K  S  F  E  F  U  L  P  Y  E  K  I  B  C
W  U  M  N  T  Q  O  V  S  Z  S  O  W  X  A  B  U  H  Y
Z  C  I  O  M  Z  E  S  E  Y  V  A  N  N  L  T  C  F  C
Z  R  D  B  D  V  F  Y  G  J  B  V  S  S  G  X  F  C  T
Q  P  J  H  H  C  R  U  D  Y  G  X  W  C  G  B  E  A  W
```

A	U	G	E	N	Z	E	U	G	E	N	H	Q	Z	Q	Y	E	B	Q
C	U	E	R	U	A	U	E	G	C	A	S	S	G	V	E	V	E	J
V	R	P	S	U	V	C	K	A	E	U	K	Q	U	B	J	S	O	O
R	V	R	W	O	L	M	H	S	V	O	R	U	J	M	W	Z	B	R
H	R	W	Q	F	G	N	M	X	N	A	Y	E	A	U	C	X	A	I
J	Z	E	N	U	Y	C	E	T	G	T	L	T	E	T	S	Z	C	R
G	L	Q	Y	H	W	M	A	I	R	G	U	O	S	T	O	J	H	C
R	E	P	U	S	B	K	X	A	L	S	A	U	C	E	R	X	T	Q
W	S	A	J	I	T	Z	P	T	G	A	Q	Q	M	R	D	G	U	D
A	B	T	R	A	N	S	P	O	R	T	N	S	G	S	D	I	N	E
Z	I	P	I	A	M	O	N	W	U	V	E	G	N	C	U	I	G	C
K	E	T	P	N	I	C	H	T	E	L	T	N	U	H	D	P	H	N
L	L	I	D	A	B	S	U	E	L	B	K	U	H	I	A	Y	I	A
R	B	U	W	K	W	Q	G	C	S	V	A	R	C	F	F	F	E	V
M	R	R	A	G	S	T	G	A	E	N	M	E	S	F	W	O	G	D
M	E	B	N	G	N	Y	C	P	V	A	I	A	R	M	M	K	N	A
S	B	Z	S	E	V	I	N	S	M	D	E	L	O	Z	U	R	I	P
R	E	T	Z	Z	U	S	K	O	G	L	H	K	F	E	S	E	Y	D
O	U	E	A	G	Q	W	U	R	M	H	E	F	R	X	C	M	L	V
C	V	S	I	R	S	C	D	E	O	T	G	U	X	M	M	U	F	Q
B	G	E	J	M	I	X	O	A	I	W	B	A	T	H	R	E	A	T
H	A	G	E	N	L	G	U	X	F	U	S	J	W	H	L	K	U	E
K	Z	A	Y	K	E	V	R	B	Y	R	Z	O	C	N	N	U	J	Z
F	U	K	Y	K	O	M	P	L	E	T	T	D	B	F	W	Z	P	A

8

US GESETZ ZUR UFO FORSCHUNG
FLYING SAUCER WORKING PARTY
ADVANCED AEROSPACE THREAT ID
ABTRANSPORT ALIEN UEBERBLEIBSEL
AUFKLAERUNGSQUOTE NICHT KOMPLETT

KONTAKT
GEHEIMAKTEN
AUGENZEUGEN
BEOBACHTUNG
MUTTERSCHIFF

Lösung

```
A  U  G  E  N  Z  E  U  G  E  N  H  Q  Z  Q  Y  E  B  Q
C  U  E  R  U  A  U  E  G  C  A  S  S  G  V  E  V  E  J
V  R  P  S  U  V  C  K  A  E  U  K  Q  U  B  J  S  O  O
R  V  R  W  O  L  M  H  S  V  O  R  U  J  M  W  Z  B  R
H  R  W  Q  F  G  N  M  X  N  A  Y  E  A  U  C  X  A  I
J  Z  E  N  U  Y  C  E  T  G  T  L  T  E  T  S  Z  C  R
G  L  Q  Y  H  W  M  A  I  R  G  U  O  S  T  O  J  H  C
R  E  P  U  S  B  K  X  A  L  S  A  U  C  E  R  X  T  Q
W  S  A  J  I  T  Z  P  T  G  A  Q  Q  M  R  D  G  U  D
A  B  T  R  A  N  S  P  O  R  T  N  S  G  S  D  I  N  E
Z  I  P  I  A  M  O  N  W  U  V  E  G  N  C  U  I  G  C
K  E  T  P  N  I  C  H  T  E  L  T  N  U  H  D  P  H  N
L  L  I  D  A  B  S  U  E  L  B  K  U  H  I  A  Y  I  A
R  B  U  W  K  W  Q  G  C  S  V  A  R  C  F  F  F  E  V
M  R  R  A  G  S  T  G  A  E  N  M  E  S  F  W  O  G  D
M  E  B  N  G  N  Y  C  P  V  A  I  A  R  M  M  K  N  A
S  B  Z  S  E  V  I  N  S  M  D  E  L  O  Z  U  R  I  P
R  E  T  Z  Z  U  S  K  O  G  L  H  K  F  E  S  E  Y  D
O  U  E  A  G  Q  W  U  R  M  H  E  F  R  X  C  M  L  V
C  V  S  I  R  S  C  D  E  O  T  G  U  X  M  M  U  F  Q
B  G  E  J  M  I  X  O  A  I  W  B  A  T  H  R  E  A  T
H  A  G  E  N  L  G  U  X  F  U  S  J  W  H  L  K  U  E
K  Z  A  Y  K  E  V  R  B  Y  R  Z  O  C  N  N  U  J  Z
F  U  K  Y  K  O  M  P  L  E  T  T  D  B  F  W  Z  P  A
```

```
G N U T H C I S E L A N O I T A N C H
N Q U L D U N S R B P U I Y S H L G D
A E S O L D F Z T E M B J X I O M O R
Z L R K L F E O D R T L T B S K A S B
T J H G M M R Q A W O N R E Q U L U P
S W O T S D D W T U W M U N H F B M L
T L S M W O E L E L S Y A O X O B V M
A I G S B S K K N I A S F U C A U F T
L H W A R M U G B O D X A Q S N O K C
I Q M R K J R U A L E T A G I F E H X
E A M H U C C O N D O I O L E A A P J
N O O M R I S I K O M L D G C O C L O
P D I E H C S I D R I R E S S U A L L
R L P B X H B X X W Y N V G W L M S Y
O Z H V Y E U H K R A R A P S K N Q H
J Z H W Y W E X N O I T A V R E S B O
E O S I Y X Z C J V M G C F H R Z L T
K Z N E G I L L E T N I Y I M C W T C
T F A H C S N E S S I W O D U E S P Z
H T H F K S S T K L E K M S S Z I U H
P I N A G D Y B D D A G Z H V R V H S
W D Y U Y V N U F P A H A O B K E T E
P C M C N E L C Y A Y Z F A Q E D L L
G N Z F S A N G X R A U E S Y F I I V
```

CLOSE ENCOUNTER
NATIONALES RISIKO
ERDE IST ALIENPROJEKT
AUSSERIRDISCHE INTELLIGENZ
STROMAUSFALL BEI UFO SICHTUNG

PSEUDOWISSENSCHAFT
OBAMA UFOAUSSAGE
UFO DATENBANK
OBSERVATION
HOAX

Lösung

```
G N U T H C I S E L A N O I T A N C H
N Q U L D U N S R B P U I Y S H L G D
A E S O L D F Z T E M B J X I O M O R
Z L R K L F E O D R T L T B S K A S B
T J H G M M R Q A W O N R E Q U L U P
S W O T S D D W T U W M U N H F B M L
T L S M W O E L E L S Y A O X O B V M
A I G S B S K K N I A S F U C A U F T
L H W A R M U G B O D X A Q S N O K C
I Q M R K J R U A L E T A G I F E H X
E A M H U C C O N D O I O L E A A P J
N O O M R I S I K O M L D G C O C L O
P D I E H C S I D R I R E S S U A L L
R L P B X H B X X W Y N V G W L M S Y
O Z H V Y E U H K R A R A P S K N Q H
J Z H W Y W E X N O I T A V R E S B O
E O S I Y X Z C J V M G C F H R Z L T
K Z N E G I L L E T N I Y I M C W T C
T F A H C S N E S S I W O D U E S P Z
H T H F K S S T K L E K M S S Z I U H
P I N A G D Y D D A G Z H V R V H S
W D Y U Y V N U F P A H A O B K E T E
P C M C N E L C Y A Y Z F A Q E D L L
G N Z F S A N G X R A U E S Y F I I V
```

```
T  B  P  P  V  D  W  I  T  D  M  W  F  O  D  K  A  F  W
M  X  U  F  O  J  J  D  U  F  O  A  L  U  H  U  T  T  W
B  E  W  E  I  S  E  L  A  N  O  I  T  A  N  T  U  Z  S
E  C  R  O  F     K  S  A  T  O  U  N  N  R  L  O  C  D
L  U  F  T  P  H  A  E  N  O  M  E  N  U  S  B  H  F  C
P  M  F  I  F  C  W  V  A  Y  W  R  E  I  E  I  F  Z  U
T  S  A  N  H  I  K  S  W  Z  W  M  C  G  R  E  U  A  O
I  L  U  Y  E  P  M  K  T  S  M  H  E  M  N  V  P  J  S
X  A  U  D  L  D  I  C  R  E  T  G  X  G  E  T  Y  A
B  C  H  G  Q  Y  E  I  R  U  N  T  R  O  G  R  Y  N  H
T  U  N  I  R  Q  F  T  N  U  L  Q  E  P  C  S  S  A  P
O  N  E  Q  U  Z  E  G  N  B  T  X  S  B  U  C  P  G  B
B  D  T  E  X  I  L  G  X  W  P  I  D  Q  Y  H  E  H  A
X  X  K  L  L  T  E  E  P  E  W  E  M  G  Z  L  K  M  T
V  J  A  E  X  N  A  T  R  U  M  F  T  X  O  O  T  V  U
Q  G  F  S  Q  D  I  I  Q  F  K  C  U  W  L  S  A  E  O
Y  C  E  K  K  U  M  M  B  O  J  N  H  I  U  S  K  I  X
P  C  T  D  K  E  F  Q  H  V  S  W  M  K  F  E  U  E  M
P  D  R  U  N  B  E  K  A  N  N  T  E  S  O  N  L  G  Q
Q  A  A  T  J  W  D  U  Y  L  Q  U  D  Q  A  E  A  C  E
U  K  E  G  N  U  G  I  D  I  E  T  R  E  V  U  E  W  N
T  C  T  S  U  P  C  B  Q  V  W  C  I  G  A  U  R  U  X
T  T  F  U  M  M  G  B  A  P  K  C  V  P  P  F  E  U  W
A  J  H  B  V  O  J  R  V  K  V  H  W  K  J  K  T  T  T
```

10

ALUHUT SCHIRMT AB   NATIONALE VERTEIDIGUNG

BEWEISE VERSCHLOSSEN   UFO TRUEMMERTEILE

SPEKTAKULAERE BEGEGNUNGEN   UAP TASK FORCE

UNBEKANNTES LUFTPHAENOMEN   UFO SICHTUNG

EXPERIMENTE MIT UFO ARTEFAKTEN   UFO HYPE

Lösung

```
T  B  P  P  V  D  W  I  T  D  M  W  F  O  D  K  A  F  W
M  X  U  F  O  J  J  D  U  F  O  A  L  U  H  U  T  T  W
B  E  W  E  I  S  E  L  A  N  O  I  T  A  N  T  U  Z  S
E  C  R  O  F     K  S  A  T  O  U  N  N  R  L  O  C  D
L  U  F  T  P  H  A  E  N  O  M  E  N  U  S  B  H  F  C
P  M  F  I  F  C  W  V  A  Y  W  R  E  I  E  I  F  Z  U
T  S  A  N  H  I  K  S  W  Z  W  M  C  G  R  E  U  A  O
I  L  U  Y  E  P  M  K  T  S  M  H  E  M  N  V  P  J  S
X  A  U  D  L  D  I  C  R  E  T  G  T  X  G  E  T  Y  A
B  C  H  G  Q  Y  E  I  R  U  N  T  R  O  G  R  Y  N  H
T  U  N  I  R  Q  F  T  N  U  L  Q  E  P  C  S  S  A  P
O  N  E  Q  U  Z  E  G  N  B  T  X  S  B  U  C  P  G  B
B  D  T  E  X  I  L  G  X  W  P  I  D  Q  Y  H  E  H  A
X  X  K  L  L  T  E  P  E  W  E  M  G  Z  L  K  M  T
V  J  A  E  X  N  A  T  R  U  M  F  T  X  O  O  T  V  U
Q  G  F  S  Q  D  I  I  Q  F  K  C  U  W  L  S  A  E  O
Y  C  E  K  K  U  M  M  B  O  J  N  H  I  U  S  K  I  X
P  C  T  D  K  E  F  Q  H  V  S  W  M  K  F  E  U  E  M
P  D  R  U  N  B  E  K  A  N  N  T  E  S  O  N  L  G  Q
Q  A  A  T  J  W  D  U  Y  L  Q  U  D  Q  A  E  A  C  E
U  K  E  G  N  U  G  I  D  I  E  T  R  E  V  U  E  W  N
T  C  T  S  U  P  C  B  Q  V  W  C  I  G  A  U  R  U  X
T  T  F  U  M  M  G  B  A  P  K  C  V  P  P  F  E  U  W
A  J  H  B  V  O  J  R  V  K  V  H  W  K  J  K  T  T  T
```

```
N V C Q M A T P V F M T G B N Q F H S
E I S T E R N S C H N U P P E N J R U
G A I M T C S P V C N N B R N P E F P
N X S Z D L F S B A Y B D G O M C L S
U B M W F M F F R Z E S T V I S V K Z
L P J F P M R N H Y T N K M T Y E Q G
E F L Z Y V E L L E H O A A K Y N F H
G N T A K A L F E T N L Q N E H I Z O
E U M R N F Q K G N E L E I L W V Z M
I I U M W E P D T D N A M P F L C D O
P N K F Y U T X A I R B V U E I R X P
S U D O I K C E K G E M P L R X E X Z
T R W C J V V L N I T U N A N O T I H
F D P B G U W A B T A I E T E Q H E Y
U W U Y O V O V E A L L N I S E C D N
L F T P G T L V L L S E H O N Z I N L
I T A U P D K M E E L H O N I Y L E K
D X U C K B E X U Y E J R E L Q R T L
B X S D Z W N S C C M N D N R K A H H
H L Z Z H A H L H M M Q R Q V D L C J
U S P Z K D G F T W I O L E K K O U P
S X F Y H A K Q E I H V B X T F P E G
H E I S S L U F T B A L L O N S Y L Q
F X W I R P Y I E G H G Y H W H I O A
```

Fälschliche Ufo Sichtungen

LUFTSPIEGELUNGEN
HEISSLUFTBALLONS
LEUCHTENDE STERNE
LINSENREFLEKTIONEN
BELEUCHTETE DROHNEN
DIGITALE MANIPULATIONEN

HIMMELSLATERNEN
STERNSCHNUPPEN
HELIUMBALLONS
HELLE PLANETEN
POLARLICHTER
WOLKEN

Lösung

```
N  V  C  Q  M  A  T  P  V  F  M  T  G  B  N  Q  F  H  S
E  I  S  T  E  R  N  S  C  H  N  U  P  P  E  N  J  R  U
G  A  I  M  T  C  S  P  V  C  N  N  B  R  N  P  E  F  P
N  X  S  Z  D  L  F  S  B  A  Y  B  D  G  O  M  C  L  S
U  B  M  W  F  M  F  F  R  Z  E  S  T  V  I  S  V  K  Z
L  P  J  F  P  M  R  N  H  Y  T  N  K  M  T  Y  E  Q  G
E  F  L  Z  Y  V  E  L  L  E  H  O  A  A  K  Y  N  F  H
G  N  T  A  K  A  L  F  E  T  N  L  Q  N  E  H  I  Z  O
E  U  M  R  N  F  Q  K  G  N  E  L  E  I  L  W  V  Z  M
I  I  U  M  W  E  P  D  T  D  N  A  M  P  F  L  C  D  O
P  N  K  F  Y  U  T  X  A  I  R  B  V  U  E  I  R  X  P
S  U  D  O  I  K  C  E  K  G  E  M  P  L  R  X  E  X  Z
T  R  W  C  J  V  V  L  N  I  T  U  N  A  N  O  T  I  H
F  D  P  B  G  U  W  A  B  T  A  I  E  T  E  Q  H  E  Y
U  W  U  Y  O  V  O  V  E  A  L  L  N  I  S  E  C  D  N
L  F  T  P  G  T  L  V  L  L  S  E  H  O  N  Z  I  N  L
I  T  A  U  P  D  K  M  E  E  L  H  O  N  I  Y  L  E  K
D  X  U  C  K  B  E  X  U  Y  E  J  R  E  L  Q  R  T  L
B  X  S  D  Z  W  N  S  C  C  M  N  D  N  R  K  A  H  H
H  L  Z  Z  H  A  H  L  H  M  M  Q  R  Q  V  D  L  C  J
U  S  P  Z  K  D  G  F  T  W  I  O  L  E  K  K  O  U  P
S  X  F  Y  H  A  K  Q  E  I  H  V  B  X  T  F  P  E  G
H  E  I  S  S  L  U  F  T  B  A  L  L  O  N  S  Y  L  Q
F  X  W  I  R  P  Y  I  E  G  H  G  Y  H  W  H  I  O  A
```

O	I	F	X	G	E	Q	S	A	T	E	L	L	I	T	E	N	I	R
L	Z	U	S	L	J	V	V	M	L	E	N	E	T	K	E	S	N	I
A	E	B	E	E	I	D	U	J	G	Z	U	W	D	Y	O	G	M	D
C	U	K	R	B	J	N	I	U	K	X	T	Q	T	I	M	E	X	A
A	K	F	I	I	W	F	S	E	S	S	E	L	N	V	P	D	G	V
K	E	A	U	T	A	S	J	E	F	J	N	S	E	C	Y	L	F	A
N	F	C	O	R	R	Z	A	M	H	N	W	O	N	L	E	G	L	M
I	K	I	Y	S	M	A	L	R	I	T	O	X	J	I	S	J	U	L
N	J	J	K	W	I	N	P	M	J	Q	L	E	B	O	L	C	G	E
C	F	J	W	S	G	H	P	Z	I	B	L	Y	M	B	K	H	Z	G
W	V	K	G	A	J	A	S	Q	T	D	M	C	N	I	K	U	E	E
E	F	B	Y	V	Q	G	C	W	C	U	C	G	J	C	E	Y	U	O
T	Z	G	T	S	H	D	V	X	B	Z	M	Y	N	T	U	H	G	V
T	S	L	X	E	F	E	C	M	F	E	S	H	Z	T	F	F	E	K
E	S	N	O	L	L	A	B	S	G	N	U	H	C	S	R	O	F	G
R	B	G	C	N	E	F	R	O	W	E	G	Q	U	S	U	E	E	N
B	T	R	R	C	L	U	F	T	N	X	F	G	P	P	I	R	P	U
A	U	S	L	A	E	N	D	I	S	C	H	E	E	O	U	D	B	F
L	S	I	N	N	E	S	T	A	E	U	S	C	H	U	N	G	E	N
L	Y	B	A	R	Z	D	N	A	T	S	N	E	G	E	G	V	S	A
O	M	X	U	S	T	O	E	R	S	I	G	N	A	L	E	H	H	N
N	N	M	F	R	O	M	E	K	P	X	M	W	C	Z	V	K	P	P
S	U	Q	J	I	P	Q	C	E	M	E	T	S	Y	S	I	U	A	O
W	E	T	T	E	R	P	H	A	E	N	O	M	E	N	E	T	N	W

12

Fälschliche Ufo Sichtungen

INSEKTEN AUF LINSE
FORSCHUNGSBALLONS
SINNESTAEUSCHUNGEN
SCHMUTZPARTIKEL AUF LINSE
GEGENSTAND IN LUFT GEWORFEN
GEHEIME AUSLAENDISCHE SYSTEME

WETTERPHAENOMENE
WETTERBALLONS
STOERSIGNALE
SATELLITEN
FLUGZEUGE
VOEGEL

Lösung

O	I	F	X	G	E	Q	S	A	T	E	L	L	I	T	E	N	I	R
L	Z	U	S	L	J	V	V	M	L	E	N	E	T	K	E	S	N	I
A	E	B	E	E	I	D	U	J	G	Z	U	W	D	Y	O	G	M	D
C	U	K	R	B	J	N	I	U	K	X	T	Q	T	I	M	E	X	A
A	K	F	I	I	W	F	S	E	S	S	E	L	N	V	P	D	G	V
K	E	A	U	T	A	S	J	E	F	J	N	S	E	C	Y	L	F	A
N	F	C	O	R	R	Z	A	M	H	N	W	O	N	L	E	G	L	M
I	K	I	Y	S	M	A	L	R	I	T	O	X	J	I	S	J	U	L
N	J	J	K	W	I	N	P	M	J	Q	L	E	B	O	L	C	G	E
C	F	J	W	S	G	H	P	Z	I	B	L	Y	M	B	K	H	Z	G
W	V	K	G	A	J	A	S	Q	T	D	M	C	N	I	K	U	E	E
E	F	B	Y	V	Q	G	C	W	C	U	C	G	J	C	E	Y	U	O
T	Z	G	T	S	H	D	V	X	B	Z	M	Y	N	T	U	H	G	V
T	S	L	X	E	F	E	C	M	F	E	S	H	Z	T	F	F	E	K
E	S	N	O	L	L	A	B	S	G	N	U	H	C	S	R	O	F	G
R	B	G	C	N	E	F	R	O	W	E	G	Q	U	S	U	E	E	N
B	T	R	R	C	L	U	F	T	N	X	F	G	P	P	I	R	P	U
A	U	S	L	A	E	N	D	I	S	C	H	E	E	O	U	D	B	F
L	S	I	N	N	E	S	T	A	E	U	S	C	H	U	N	G	E	N
L	Y	B	A	R	Z	D	N	A	T	S	N	E	G	E	G	V	S	A
O	M	X	U	S	T	O	E	R	S	I	G	N	A	L	E	H	H	N
N	N	M	F	R	O	M	E	K	P	X	M	W	C	Z	V	K	P	P
S	U	Q	J	I	P	Q	C	E	M	E	T	S	Y	S	I	U	A	O
W	E	T	T	E	R	P	H	A	E	N	O	M	E	N	E	T	N	W

G	N	V	F	O	V	N	S	S	X	R	G	Z	M	S	W	Y	G	T
N	X	Z	V	R	D	E	B	F	Y	X	O	B	X	K	G	O	U	E
U	W	Y	Q	N	I	N	V	A	S	I	O	N	T	A	G	H	O	N
R	W	H	O	U	H	U	F	O	K	G	U	T	S	O	T	F	K	A
E	B	M	S	N	E	I	L	A	R	J	K	Y	T	F	I	Q	Q	L
D	K	M	W	C	J	B	S	K	I	M	H	H	U	U	Y	T	R	P
N	R	E	A	Z	Y	U	P	K	E	G	R	C	E	W	C	W	H	T
A	Y	E	T	B	V	P	I	H	G	H	Y	N	T	V	I	T	M	A
W	C	P	N	L	Z	V	O	K	O	X	E	X	Z	M	A	M	Q	M
R	X	S	U	H	I	M	N	I	O	I	V	M	P	P	U	S	L	I
E	G	D	R	D	O	B	A	O	L	V	G	W	U	Q	S	D	D	E
T	I	E	Q	E	S	W	G	A	D	T	Y	H	N	W	S	Q	E	H
N	D	A	Y	Z	D	B	E	D	F	Z	U	R	K	W	E	F	S	L
U	D	F	E	X	M	U	S	B	N	K	G	L	T	L	R	R	Z	S
O	U	F	O	Z	M	P	A	M	S	N	O	J	N	U	I	S	N	W
L	B	Q	B	S	N	U	T	X	P	R	N	A	J	Z	R	Y	A	L
M	M	P	K	M	J	V	E	E	B	P	A	D	K	F	D	J	Q	V
I	H	Z	Q	R	N	E	L	W	B	S	E	M	N	L	I	Q	V	B
L	B	H	O	F	E	M	L	K	W	J	Q	B	G	F	S	A	I	S
K	X	Q	L	I	T	C	I	O	F	W	A	M	G	B	C	W	R	O
G	N	P	P	E	L	V	T	R	A	R	T	K	S	F	H	G	E	F
C	A	M	X	E	E	Z	E	O	K	B		E	D	R	E	L	T	J
A	U	F	W	G	W	F	N	Z	O	E	S	Y	X	N	I	Y	N	M
W	B	X	X	K	M	A	Q	N	R	D	P	S	I	S	A	B	U	U

13

UFO BASIS

UNTERWANDERUNG ERDE

ALIENS UNTER UNS

KRIEG DER WELTEN

UFO HEIMATPLANET

MARSBEWOHNER

UFO SPIONAGESATELLITEN

AUSSERIRDISCHE

ALIEN STUETZPUNKT AUF MOND

INVASION

Lösung

```
G  N  V  F  O  V  N  S  S  X  R  G  Z  M  S  W  Y  G  T
N  X  Z  V  R  D  E  B  F  Y  X  O  B  X  K  G  O  U  E
U  W  Y  Q  N  I  N  V  A  S  I  O  N  T  A  G  H  O  N
R  W  H  O  U  H  U  F  O  K  G  U  T  S  O  T  F  K  A
E  B  M  S  N  E  I  L  A  R  J  K  Y  T  F  I  Q  Q  L
D  K  M  W  C  J  B  S  K  I  M  H  H  U  U  Y  T  R  P
N  A  R  E  A  Z  Y  U  P  K  E  G  R  C  E  W  C  W  H
A  Y  E  T  B  V  P  I  H  G  H  Y  N  T  V  I  T  M  A
W  C  P  N  L  Z  V  O  K  O  X  E  X  Z  M  A  M  Q  M
R  X  S  U  H  I  M  N  I  O  I  V  M  P  P  U  S  L  I
E  G  D  R  D  O  B  A  O  L  V  G  W  U  Q  S  D  D  E
T  I  E  Q  E  S  W  G  A  D  T  Y  H  N  W  S  Q  E  H
N  D  A  Y  Z  D  B  E  D  F  Z  U  R  K  W  E  F  S  L
U  D  F  E  X  M  U  S  B  N  K  G  L  T  L  R  R  Z  S
O  U  F  O  Z  M  P  A  M  S  N  O  J  N  U  I  S  N  W
L  B  Q  B  S  N  U  T  X  P  R  N  A  J  Z  R  Y  A  L
M  M  P  K  M  J  V  E  E  B  P  A  D  K  F  D  J  Q  V
I  H  Z  Q  R  N  E  L  W  B  S  E  M  N  L  I  Q  V  B
L  B  H  O  F  E  M  L  K  W  J  Q  B  G  F  S  A  I  S
K  X  Q  L  I  T  C  I  O  F  W  A  M  G  B  C  W  R  O
G  N  P  P  E  L  V  T  R  A  R  T  K  S  F  H  G  E  F
C  A  M  X  E  E  Z  E  O  K  B  E  D  R  E  L  T  J
A  U  F  W  G  W  F  N  Z  O  E  S  Y  X  N  I  Y  N  M
W  B  X  X  K  M  A  Q  N  R  D  P  S  I  S  A  B  U  U
```

```
I A R H P M H P L T Q E L P Q O L R K
N F A N D J O J D D O R W S A F N I R
V L M T H L W V X L D N O E J U T B H
B I X U A O T Y G Y L W S X Q S O N Z
L E O H V J V F D B F S L V C K B V Y
V G A Z S M B A T O A Z G L A C P G T
T E Y D Q Q D U L T K I K U L E X K W
Q N D T Y S L A R F T V E I P I A B J
N D A S K B E E G R O V E N D E K P N
A E U M Y E T G A L E E G U I R G U L
C L K X P N J N I P O S R O R D Q I B
P S D P U V E B J M H C E M N U C M M
G B Q Z F T O H O U R O K O I H Y E G
R U Y K E P N Z Y L Z E N E T G W S F
E G I K C E T H C E R K O K N N I X W
X N A V B Q A E M E K E U F M F K E L
T R A N S P A R E N T G H R V E O V Y
U Q I A S C H E I B E N F O R M M R B
E Y K R F R X J G L Q I Y B K T Q K M
Q I E N Y Z Q R N S K V A T I Z L Z X
Q J L O L N M A H O Y I J M A M R O F
X S O Z Z Q O T Q Y K Q M A K P X Z L
Z V O D F Q X D B P N X K N E O J B T
Q V D T V E W K G L K A V N C N F K J
```

14

Ufo
Erscheinungs-
formen

RAKETENARTIG
SCHEIBENFORM
RECHTECKIGE FORM
VFOERMIGES OBJEKT
FLIEGENDE UNTERTASSE

LICHTKUGEL
DREIECKSUFO
OVALFOERMIG
HALB TRANSPARENT
GLOCKENFORM

```
I  A  R  H  P  M  H  P  L  T  Q  E  L  P  Q  O  L  R  K
N  F  A  N  D  J  O  J  D  D  O  R  W  S  A  F  N  I  R
V  L  M  T  H  L  W  V  X  L  D  N  O  E  J  U  T  B  H
B  I  X  U  A  O  T  Y  G  Y  L  W  S  X  Q  S  O  N  Z
L  E  O  H  V  J  V  F  D  B  F  S  L  V  C  K  B  V  Y
V  G  A  Z  S  M  B  A  T  O  A  Z  G  L  A  C  P  G  T
T  E  Y  D  Q  Q  D  U  L  T  K  I  K  U  L  E  X  K  W
Q  N  D  T  Y  S  L  A  R  F  T  V  E  I  P  I  A  B  J
N  D  A  S  K  B  E  E  G  R  O  V  E  N  D  E  K  P  N
A  E  U  M  Y  E  T  G  A  L  E  E  G  U  I  R  G  U  L
C  L  K  X  P  N  J  N  I  P  O  S  R  O  R  D  Q  I  B
P  S  D  P  U  V  E  B  J  M  H  C  E  M  N  U  C  M  M
G  B  Q  Z  F  T  O  H  O  U  R  O  K  O  I  H  Y  E  G
R  U  Y  K  E  P  N  Z  Y  L  Z  E  N  E  T  G  W  S  F
E  G  I  K  C  E  T  H  C  E  R  K  O  K  N  N  I  X  W
X  N  A  V  B  Q  A  E  M  E  K  E  U  F  M  F  K  E  L
T  R  A  N  S  P  A  R  E  N  T  G  H  R  V  E  O  V  Y
U  Q  I  A  S  C  H  E  I  B  E  N  F  O  R  M  M  R  B
E  Y  K  R  F  R  X  J  G  L  Q  I  Y  B  K  T  Q  K  M
Q  I  E  N  Y  Z  Q  R  N  S  K  V  A  T  I  Z  L  Z  X
Q  J  L  O  L  N  M  A  H  O  Y  I  J  M  A  M  R  O  F
X  S  O  Z  Z  Q  O  T  Q  Y  K  Q  M  A  K  P  X  Z  L
Z  V  O  D  F  Q  X  D  B  P  N  X  K  N  E  O  J  B  T
Q  V  D  T  V  E  W  K  G  L  K  A  V  N  C  N  F  K  J
```

```
G B R A S I L I E N F O R E S T O B E
J Y S U C I Q A F B L N Z L X O O O H
E A F P C L R T N U Q Q H T L Q B V C
F O P H M A H S E L D N E R H J R S S
E O T A S B B L I C N H N A E C V W I
M E G C N V A E L I F D V K H E A K V
R X C O D R Z X M A D K T S F M D N A
U G J K I R Y E L P F E I N G J W Z N
C H G E R D S K T E I R Q R R G U F I
W W L P Q J E U T A O I O A E N D C D
I W C K X J N O O K L B U V I U D Z N
L C Q G R A I B F C E M I W F N P Y A
Z V P R L S L P U H A T F F S G J A K
Z Y H S J P R F K U O Y G R W E Q V S
I C O A E H I E M F B V Q W A G J J R
L N C E I O A U E H C S I G L E B B A
U Q H Z D E O P Z I H I X R D B X M C
C S F E S N B L Z H R O F B L Y V L T
I V X L E I A M C C D Y H R S Z P T Z
T A O L O X T K B T Y M A I T B J I W
E N N E J K K J V W A X Z Z A O N E I
R E X W E G D W C D Y H N N F W L F S
Q S C H O O L Y C F E Y P U E L E V K
Q E K S U W N U F O F L U G E D H Q O
```

15

Dokumentierte
Zwischenfälle
20. & 21. Jhdt
(Auswahl)

GREIFSWALD OBJEKTE
UFO NACHT BRASILIEN
RENDLESHAM FOREST
ARIEL SCHOOL BEGEGNUNG
SKANDINAVISCHE UFO WELLE

BELGISCHE UFO WELLE
ZETA RETICULI VORFALL
JAPAN AIRLINES FLUG
PHOENIX LICHTER
OUMUAMUA

Lösung

```
G B R A S I L I E N  F O R E S T O B E
J Y S U C I Q A F B  L N Z L X O O O H
E A F P C L R T N U  Q Q H T L Q B V C
F O P H M A H S E L  D N E R H J R S S
E O T A S B B L I C  N H N A E C V W I
M E G C N V A E L I  F D V K H E A K V
R X C O D R Z X M A  D K T S F M D N A
U G J K I R Y E L P  F E I N G J W Z N
C H G E R D S K T E  I R Q R R G U F I
W W L P Q J E U T A  O I O A E N D C D
I W C K X J N O O K  L B U V I U D Z N
L C Q G R A I B F C  E M I W F N P Y A
Z V P R L S L P U H  A T F F S G J A K
Z Y H S J P R F K U  O Y G R W E Q V S
I C O A E H I E M F  B V Q W A G J J R
L N C E I O A U E H  C S I G L E B B A
U Q H Z D E O P Z I  H I X R D B X M C
C S F E S N B L Z H  R O F B L Y V L T
I V X L E I A M C C  D Y H R S Z P T Z
T A O L O X T K B T  Y M A I T B J I W
E N N E J K K J V W  A X Z Z A O N E I
R E X W E G D W C D  Y H N N F W L F S
Q S C H O O L Y C F  E Y P U E L E V K
Q E K S U W N U F O  F L U G E D H Q O
```

```
M  C  Q  M  W  E  L  L  E  C  U  L  P  U  V  L  Q  M  C
Z  T  P  B  O  T  S  K  P  N  G  F  D  T  V  O  K  G  K
P  Y  L  W  W  N  R  K  W  X  Y  K  A  D  Q  S  K  L  X
V  T  L  F  A  Q  E  I  W  R  P  A  R  E  L  S  A  B  J
P  Q  Q  I  R  V  O  S  R  E  G  R  E  B  N  R  E  U  N
D  S  A  N  N  S  Z  O  T  H  V  O  N  K  I  H  M  G  S
L  E  D  M  I  D  C  N  P  O  S  J  U  J  I  Z  I  S  H
R  B  I  T  O  W  E  E  T  Y  R  W  O  M  K  M  X  E  I
F  A  D  Y  S  C  K  R  U  T  A  Y  M  S  V  R  H  I  M
N  S  R  J  A  S  S  U  V  A  P  E  P  H  A  N  T  O  M
U  T  A  K  Q  G  G  Q  E  I  X  L  C  G  O  R  V  I  M  E
E  I  N  U  F  O  E  P  R  S  E  L  U  L  H  M  S  S  L
R  N  I  G  O  R  Y  M  S  F  Q  C  E  O  G  E  N  Z  S
N  O  A  V  J  J  D  P  A  D  R  H  J  R  V  O  Q  Q  S
B  W  M  Q  M  U  E  N  H  E  K  A  R  B  A  S  H  P  P
E  H  Q  J  C  K  D  L  W  W  L  H  T  N  T  C  A  X  E
R  K  B  F  T  S  M  K  M  E  U  D  F  L  Y  I  K  U  K
G  N  S  A  W  O  F  N  T  K  P  N  E  C  A  P  J  R  T
E  M  K  T  A  U  F  F  I  H  C  S  T  F  U  L  V  Z  A
R  E  C  I  J  W  L  V  Z  Q  E  H  K  I  M  V  Q  L  K
L  J  O  L  F  X  M  H  O  X  Z  N  O  F  M  K  C  O  E
L  F  E  G  G  T  M  F  G  L  G  L  V  C  A  V  G  C  L
U  U  A  C  V  C  U  W  J  T  F  A  I  I  N  A  C  E  D
Q  S  M  D  O  F  X  L  T  M  G  K  X  U  S  J  Q  D  F
```

16

Dokumentierte
Zwischenfälle
vor dem 20. Jhdt
(Auswahl)

PHANTOM LUFTSCHIFF WELLE
BASLER HIMMELSSPEKTAKEL
NUERNBERGER ZYLINDER UFO
NUERNBERGER HIMMELSSPEKTAKEL
UFO GEMAELDE SEBASTINO MAINARDI
UFO ALTARFRESCO DECANI MONESTORY

Lösung

```
M C Q M W E L L E C U L P U V L Q M C
Z T P B O T S K P N G F D T V O K G K
P Y L W W N R K W X Y K A D Q S K L X
V T L F A Q E I W R P A R E L S A B J
P Q Q I R V O S R E G R E B N R E U N
D S A N N S Z O T H V O N K I H M G S
L E D M I D C N P O S J U J I Z I S H
R B I T O W E E T Y R W O M K M X E I
F A D Y S C K R U T A Y M S V R H I M
N S R J A S S U V A P E P H A N T O M
U T A K Q G Q E I X L C G O R V I M E
E I N U F O E P R S E L U L H M S S L
R N I G O R Y M S F Q C E O G E N Z S
N O A V J J D P A D R H J R V O Q Q S
B W M Q M U E N H E K A R B A S H P P
E H Q J C K D L W W L H T N T C A X E
R K B F T S M K M E U D F L Y I K U K
G N S A W O F N T K P N E C A P J R T
E M K T A U F F I H C S T F U L V Z A
R E C I J W L V Z Q E H K I M V Q L K
L J O L F X M H O X Z N O F M K C O E
L F E G G T M F G L G L V C A V G C L
U U A C V C U W J T F A I N A C E D
Q S M D O F X L T M G K X U S J Q D F
```

```
T E E S J U W G T J R C V K E I N E I
G N B U E N N P U K O S E X I C I F G
V U I X S B S L R V K B R Q M X U U A
E I E I A U Y C Y N V U S Q E C E U M
V H H Z A Z D U H A P M C N A C S F S
A X C Q G A H Q K D W K H F X X R R T
M F S Q Y U S V H U Z D W V S A U U D
I U G S W G L Z S E J U O P T M M X T
L Z U G K V Q F F S H I E W E C G X A
H Z L X E X L Y D E N P R U A I H Y D
U C F M Z K L G Z N B N U N R T A X E
F A S L J N A S V D U T N D E P I J M
K Q H Y A I B E E I P R G E G A R H O
Q W C M S C R D T S R R S R X M X X R
A K I J T V E C R K O L T W Y R L K D
F W E T D D U W Y U J I H A R B Q G N
Y V R L U K E L E S E R E F P E X P A
P G I U J B F F G T K V O F D L V K J
H J C G Y U E B D N T B R E H E H W Z
F R T G B D V N O W F E I G D G L N D
P J G K H Q V H N A Y F E I T E X X K
F C Z P I J N W D A W T V Q D I K M L
J E J T Z E U O D P H M Q Y C I L N X
M W J E N E R G I E F E L D E R N A U
```

17

Mythos
Nazi
Flugscheiben

ANDROMEDA GERAET
REICHSFLUGSCHEIBE
PROJEKT FEUERBALL
VRIL ENERGIEFELDER
VERSCHWOERUNGSTHEORIE

RUNDFLUGZEUG
KEINE BELEGE
DUESENDISKUS
WUNDERWAFFE
HANNEBU

Lösung

```
T E E S J U W G T J R C V K E I N E I
G N B U E N N P U K O S E X I C I F G
V U I X S B S L R V K B R Q M X U U A
E I E I A U Y C Y N V U S Q E C E U M
V H H Z A Z D U H A P M C N A C S F S
A X C Q G A H Q K D W K H F X X R R T
M F S Q Y U S V H U Z D W V S A U U D
I U G S W G L Z S E J U O P T M M M X T
L Z U G K V Q F F S H I E W E C G X A
H Z L X E X L Y D E N P R U A I H Y D
U C F M Z K L G Z N B N U N R T A X E
F A S L J N A S V D U T N D E P I J M
K Q H Y A I B E E I P R G E G A R H O
Q W C M S C R D T S R R S R X M X X R
A K I J T V E C R K O L T W Y R L K D
F W E T D D U W Y U J I H A R B Q G N
Y V R L U K E L E S E R E F P E X P A
P G I U J B F F G T K V O F D L V K J
H J C G Y U E B D N T B R E H E H W Z
F R T G B D N O W F E I G D G L N D
P J G K H Q V H N A Y F E I T E X X K
F C Z P I J N W D A W T V Q D I K M L
J E J T Z E U O D P H M Q Y C I L N X
M W J E N E R G I E F E L D E R N A U
```

```
V E Z J R U O B P S H T J S U S X Z P
C M T U G E A H W H Q H I N R E O J F
X Y E V I T K A O I D A R V R Y I B S
X F U W A X Y W G B E K I U R A W X C
E Q G F K U R M W W F C M T C N O H P
F T V I G U M X W H T B T G J T H I X
V F F A Q Y O J L O O V A I M R U Y C
H K B H M A F C R D X V Y O F I M M G
N O I T A T I V A R G I T N A E T A X
S C H A U B E R G E R K E Y H B X B H
I I E S V N J X Q G Y S U W E A N S I
M V V E R G E L T U N G S W A F F E K
W Z R F S L Q N O J Z L H G L H A M L
Y R D N H N H S U M Z L L O S B S Y O
G N U L H A R T S H I K S S G V R C D
E C L C Z B J Q P X F I W H Y K E B Z
S G A F W P P U E K C O L G Q T R Z K
K U G E L W A F F E B N E B E I S V I
D E Z R E P U L S I N E S I E R K T E
R B L Y H V E R S U C H S A N L A G E
I R W N D F L U G K R E I S E L B Q O
W G N R I E S E V M I B E T O N B A U
L U D W J X H A V D H G M V K X Y O B
U H T Q C J M L O B J T Z N N P I W O
```

18

Mythos
Nazi
Flugscheiben

VERSUCHSANLAGE RIESE   VICTOR SCHAUBERGER
RADIOAKTIVE STRAHLUNG   FLUGKREISEL
VERGELTUNGSWAFFE VSIEBEN   KUGELWAFFE
KREIS BETONBAU LUDW KLODZKIE   REPULSINE
ANTIGRAVITATION ANTRIEB GLOCKE   XERUM

Lösung

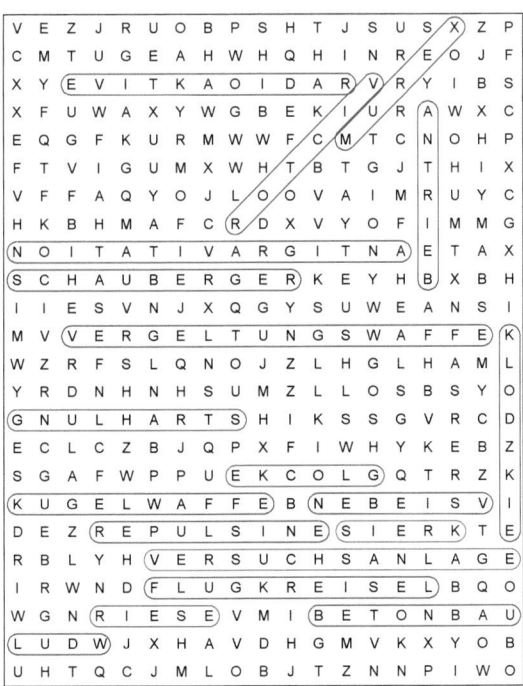

```
V E Z J R U O B P S H T J S U S X Z P
C M T U G E A H W H Q H I N R E O J F
X Y E V I T K A O I D A R V R Y I B S
X F U W A X Y W G B E K I U R A W X C
E Q G F K U R M W W F C M T C N O H P
F T V I G U M X W H T B T G J T H I X
V F F A Q Y O J L O O V A I M R U Y C
H K B H M A F C R D X V Y O F I M M G
N O I T A T I V A R G I T N A E T A X
S C H A U B E R G E R K E Y H B X B H
I I E S V N J X Q G Y S U W E A N S I
M V V E R G E L T U N G S W A F F E K
W Z R F S L Q N O J Z L H G L H A M L
Y R D N H N H S U M Z L L O S B S Y O
G N U L H A R T S H I K S S G V R C D
E C L C Z B J Q P X F I W H Y K E B Z
S G A F W P P U E K C O L G Q T R Z K
K U G E L W A F F E B N E B E I S V I
D E Z R E P U L S I N E S I E R K T E
R B L Y H V E R S U C H S A N L A G E
I R W N D F L U G K R E I S E L B Q O
W G N R I E S E V M I B E T O N B A U
L U D W J X H A V D H G M V K X Y O B
U H T Q C J M L O B J T Z N N P I W O
```

DAS

SCIENCE FICTION

WORTSUCHRÄTSEL BUCH

```
U  A  Z  S  J  V  H  C  Z  L  N  M  U  Z  J  J  G  M  R
E  L  O  T  S  I  P  R  E  S  A  L  B  U  K  M  K  D  S
E  N  H  O  R  D  O  R  K  I  M  N  B  A  S  J  X  P  V
M  T  E  K  B  I  S  S  L  S  G  G  Y  S  P  A  U  Y  Q
G  J  L  E  Z  E  K  L  P  H  H  J  V  K  X  D  Y  V  A
L  Y  R  O  W  M  E  C  D  D  B  R  E  I  I  X  L  X  W
A  B  I  J  K  H  M  A  O  S  C  G  N  H  Y  C  R  A  I
T  J  I  I  C  R  P  Q  J  Q  F  L  I  V  Y  B  U  T  G
R  Z  E  N  A  Z  F  L  M  M  A  Z  B  Z  T  K  D  S  C
O  Q  L  V  Y  Y  Y  G  S  S  R  E  A  D  E  O  P  M  T
P  T  I  A  S  Q  E  H  E  X  A  I  K  F  N  H  K  T  G
N  K  F  S  J  I  A  R  L  Q  U  T  T  R  A  B  C  H  Q
E  C  I  I  I  F  B  C  X  H  M  P  R  A  L  O  R  K  V
T  K  X  O  M  R  H  H  O  U  Z  O  O  U  P  Z  Y  B  H
N  I  N  N  U  P  W  Y  G  V  E  L  P  M  T  L  Q  G  U
A  R  P  E  T  X  Y  R  W  T  I  I  E  K  A  O  B  C  C
U  S  C  B  L  W  Z  H  Y  V  T  Z  L  R  M  N  G  Y  M
Q  K  Z  W  Y  K  V  E  F  B  R  E  E  E  I  S  D  D  P
E  A  X  I  C  V  C  L  D  I  I  T  U  E  P  D  T  D
K  O  H  F  T  N  T  Y  D  C  S  C  N  Z  H  K  U  O  H
L  S  U  J  D  L  L  W  L  B  S  K  R  E  E  O  B  T  V
N  Q  W  Z  U  V  J  M  U  B  T  J  J  R  G  C  T  J  G
I  H  G  X  Z  I  C  J  L  B  P  R  T  R  T  S  O  G  D
F  S  Z  B  R  O  I  A  A  G  X  R  L  U  G  S  M  F  D
```

1

INVASION
ZEITPOLIZEI
HEIMATPLANET
LASERBRUECKE
MIKRODROHNE

LASERPISTOLE
RAUMZEITRISS
RAUMKREUZER
TELEPORTKABINE
QUANTENPORTAL

Lösung

```
U A Z S J V H C Z L N M U Z J J G M R
E L O T S I P R E S A L B U K M K D S
E N H O R D O R K I M N B A S J X P V
M T E K B I S S L S G G Y S P A U Y Q
G J L E Z E K L P H H J V K X D Y V A
L Y R O W M E C D D B R E I I X L X W
A B I J K H M A O S C G N H Y C R A I
T J I C R P Q J Q F L I V Y B U T I G
R Z E N A Z F L M M A Z B Z T K D S C
O Q L V Y Y Y G S S R E A D E O P M T
P T I A S Q E H E X A I K F N H K T S
N K F S J I A R L Q U T R A B C H Q
E C I I F B C X H M P R A L O R K V
T K X O M R H H O U Z O U P Z Y B H
N I N N U P W Y G V E L P M T L Q G U
A R P E T X Y R W T I I E K A O B C S
U S C B L W Z H Y V T Z L R M N G Y M
Q K Z W Y K V E F B R E E I S D D P
E A X I C V C C L D I I T U E P D T D
K O H F T N T Y D C S C N Z H K U O H
L S U J D L L W L B S K R E E O B T V
N Q W Z U V J M U B T J J R G C T J G
I H G X Z I C J L B P R T R T S O G D
F S Z B R O I A A G X R L U G S M F D
```

```
E  N  O  N  A  K  N  E  T  N  A  U  Q  F  W  R  M  H  K
S  T  E  R  N  E  N  Z  E  R  S  T  O  E  R  E  R  S  U
F  G  P  B  U  C  M  K  Y  H  X  A  N  I  S  J  S  R  Y
D  S  N  S  T  X  P  F  V  H  U  K  R  C  T  T  I  K  P
B  A  I  I  U  F  E  T  U  D  Z  O  H  K  N  P  U  E  G
A  Y  B  H  N  H  M  A  R  F  T  W  A  N  Z  L  G  V  L
M  O  T  O  M  R  E  H  T  A  E  Y  H  A  H  Z  Z  H  J
W  R  F  A  T  P  K  F  R  B  H  C  W  T  B  L  E  K  U
J  I  H  N  C  D  R  G  E  T  C  C  Y  S  N  U  P  S  O
K  R  P  V  Y  E  S  R  N  D  M  N  G  S  T  S  B  P
D  S  P  A  Q  T  T  H  A  L  O  I  S  N  P  E  G  Y  K
C  C  F  T  N  A  E  A  U  C  X  B  Q  U  R  H  V  L  N
R  H  E  I  D  U  N  S  M  E  C  Q  F  G  E  T  F  V  A
Y  R  S  T  J  D  A  C  G  G  E  X  N  N  G  X  Q  T
C  E  B  O  S  P  L  Q  I  U  C  V  D  E  G  N  Q  S  T
D  I  X  O  C  Y  P  B  L  B  Y  Y  L  U  S  L  K  G  H
I  T  L  E  I  M  D  K  D  I  Z  J  O  J  A  O  B  A  C
D  E  C  M  T  N  N  J  E  O  J  M  Q  R  T  V  D  U  U
P  R  V  D  X  K  A  G  G  Q  C  Q  J  E  Z  E  Z  M  Z
X  T  A  F  E  G  S  R  G  B  D  K  N  V  R  V  I  M  S
T  Z  R  S  A  I  Z  R  Z  F  I  G  B  V  G  F  Y  Z  V
I  D  T  B  Z  Y  U  G  F  L  P  D  K  S  Y  H  Y  H  I
B  O  T  X  V  A  A  D  D  Y  Y  Z  S  Q  D  T  U  T  P
S  L  C  O  P  Y  E  T  B  N  E  F  G  Y  T  Z  Z  Y  M
```

2

SCHREITER	DESINTEGRATOR
ZUCHTTANK	QUANTENKANONE
RAUMGILDE	STERNENZERSTOERER
SANDPLANET	VERJUENGUNGSTANK
SCHWEBESTADT	THERMOTOM SPRENGSATZ

Lösung

```
E N O N A K N E T N A U Q F W R M H K
S T E R N E N Z E R S T O E R E R S U
F G P B U C M K Y H X A N I S J S R Y
D S N S T X P F V H U K R C T T I K P
B A I I U F E T U D Z O H K N P U E G
A Y B H N H M A R F T W A N Z L G V L
M O T O M R E H T A E Y H A H Z Z H J
W R F A T P K F R B H C W T B L E K U
J I H N C D R G E T C C Y S N U P S O
K R P V Y D E S R N D M N G S T S B P
D S P A Q T T H A L O I S N P E G Y K
C C F T N A E A U C X B Q U R H V L N
R H E I D U N S M E C Q F G E T F V A
Y R S T J D A C G G G E X N G X Q T
C E B O S P L Q I U C V D E G N Q S T
D I X O C Y P B L B Y Y L U S L K G H
I T L E I M D K D I Z J O J A O B A C
D E C M T N N J E O J M Q R T V D U U
P R V D X K A G G Q C Q J E Z E Z M Z
X T A F E G S R G B D K N V R V I M S
T Z R S A I Z R Z F I G B V G F Y Z V
I D T B Z Y U G F L P D K S Y H Y H I
B O T X V A A D D Y Y Z S Q D T U T P
S L C O P Y E T B N E F G Y T Z Z Y M
```

```
Z  E  I  T  K  R  I  S  T  A  L  L  O  R  H  C  Q  K  G
M  K  I  K  C  V  Z  Q  O  N  X  C  D  X  Z  C  Q  E  X
I  H  Q  G  H  D  J  C  H  E  G  Q  M  T  N  A  W  G  R
L  I  O  U  M  E  W  W  C  G  J  T  Y  J  Q  X  C  T  T
Q  I  P  B  R  P  M  A  H  G  G  K  W  Q  G  U  C  K  K
V  Y  S  X  E  N  O  L  O  G  I  E  S  Y  B  G  I  T  I
O  L  S  N  O  P  E  K  G  L  Y  L  K  C  F  D  J  C  X
B  A  A  V  A  R  I  F  D  V  D  R  N  K  E  Q  Y  F  N
E  H  Q  P  K  G  U  R  X  Z  H  R  W  H  T  D  W  X  R
K  G  N  C  O  P  L  Y  E  W  P  B  E  Q  P  W  H  W  E
I  G  R  A  U  M  Z  E  I  T  S  C  H  I  L  D  I  M  L
Y  Y  A  M  A  F  I  G  P  O  G  I  X  M  Y  Q  W  N  T
H  C  I  E  R  E  B  N  E  L  L  E  W  T  S  A  T  F  U
E  Y  D  B  F  V  C  Q  L  L  A  T  S  I  R  K  G  X  B
K  H  R  O  T  K  E  T  E  D  X  F  G  N  P  U  Q  H  O
C  J  C  M  Z  Z  B  K  N  T  N  A  U  U  D  H  I  V  B
V  H  A  I  T  X  Q  Z  X  K  M  R  H  X  K  B  U  Q  O
Z  B  P  T  L  Z  Z  D  N  W  G  K  A  Q  L  G  Y  P  R
M  R  O  F  T  T  A  L  P  V  A  R  G  I  T  N  A  L  M
O  T  V  I  S  S  S  J  U  X  M  E  C  T  I  H  Z  U  E
K  L  F  U  O  L  X  N  C  G  M  W  N  E  S  E  W  T  O
C  O  V  X  T  E  Y  G  E  U  V  H  I  N  G  T  T  O  R
O  M  V  H  C  O  L  M  R  U  W  C  X  O  N  X  O  N  S
N  P  Y  A  F  O  W  E  N  I  K  S  O  D  W  Z  B  L  M
```

3

PLUTON
XENOLOGIE
ROBOBUTLER
KRISTALL WESEN
WURMLOCH DETEKTOR

ZEITKRISTALL
RAUMZEITSCHILD
TASTWELLENBEREICH
ANTIGRAVPLATTFORM
KUENSTLICHE SCHWERKRAFT

Lösung

```
Z  E  I  T  K  R  I  S  T  A  L  L  O  R  H  C  Q  K  G
M  K  I  K  C  V  Z  Q  O  N  X  C  D  X  Z  C  Q  E  X
I  H  Q  G  H  D  J  C  H  E  G  Q  M  T  N  A  W  G  R
L  I  O  U  M  E  W  W  C  G  J  T  Y  J  Q  X  C  T  T
Q  I  P  B  R  P  M  A  H  G  G  K  W  Q  G  U  C  K  K
V  Y  S  X  E  N  O  L  O  G  I  E  S  Y  B  G  I  T  I
O  L  S  N  O  P  E  K  G  L  Y  L  K  C  F  D  J  C  X
B  A  A  V  A  R  I  F  D  V  D  R  N  K  E  Q  Y  F  N
E  H  Q  P  K  G  U  R  X  Z  H  R  W  H  T  D  W  X  R
K  G  N  C  O  P  L  Y  E  W  P  B  E  Q  P  W  H  W  E
I  G  R  A  U  M  Z  E  I  T  S  C  H  I  L  D  I  M  L
Y  Y  A  M  A  F  I  G  P  O  G  I  X  M  Y  Q  W  N  T
H  C  I  E  R  E  B  N  E  L  L  E  W  T  S  A  T  F  U
E  Y  D  B  F  V  C  Q  L  L  A  T  S  I  R  K  G  X  B
K  H  R  O  T  K  E  T  E  D  X  F  G  N  P  U  Q  H  O
C  J  C  M  Z  Z  B  K  N  T  N  A  U  U  D  H  I  V  B
V  H  A  I  T  X  Q  Z  X  K  M  R  H  X  K  B  U  Q  O
Z  B  P  T  L  Z  Z  D  N  W  G  K  A  Q  L  G  Y  P  R
M  R  O  F  T  T  A  L  P  V  A  R  G  I  T  N  A  L  M
O  T  V  I  S  S  S  J  U  X  M  E  C  T  I  H  Z  U  E
K  L  F  U  O  L  X  N  C  G  M  W  N  E  S  E  W  T  O
C  O  V  X  T  E  Y  G  E  U  V  H  I  N  G  T  T  O  R
O  M  V  H  C  O  L  M  R  U  W  C  X  O  N  X  O  N  S
N  P  Y  A  F  O  W  E  N  I  K  S  O  D  W  Z  B  L  M
```

```
C T O R Y Y S U P Z S H C C T D T V T
Z I D N B W G S D R R D Z T K X W U B
E E E D Q J O K R C N U X R M W F J Y
N K P V M F G E L O D K E Z F U F R R
E G R V G P R Y R M B B Z W L A H A P
R I O L S E H C B B A O H K Z G A U G
O D T P J U G M R X H S T W T C Q M O
B N N H U T B R S L K Z C A D C W K Y
E I E A D H J R X X E F X H R V U R G
G W N S P N I B A I Q U D V I Z V U P
B H O E S F R R T U C V Q V O N T E V
A C T R V N S R F Y M J I E W E E M P
T S O R H A E T R Z Z O Q V P R W M S
T E H G G I J F E D N N Q V S A G U M
L G P J S T X D E L C V I N F N X N M
E N W E E M U A Z T A N Z C N K S G W
M E L E L H S A E E A N E V X Q Q S Z
E T B Z Y H W Y K M E U W L Z K Z D W
C T J A F F F U A W A Q O J W W U O R
H A D A H K A E N X A O R I E V F L L
D H U V L M U U O G M L H I R A Z O V
G C X K F C B W N T C I M R Y W Q N V
L S P B Z E T A E M N A I P V P K E J
Q F F S Q M F G R F L R K Z K M O X X
```

4

FREEZEKANONE
PHOTONENTORPEDO
ZWEIMAL GEBORENE
SCHATTENGESCHWINDIGKEIT
RAUMKRUEMMUNGS MASCHINE

PHASER
ZEITREISE
SUBRAUM
ROBOTARZT
BATTLEMECH

Lösung

C	T	O	R	Y	Y	S	U	P	Z	S	H	C	C	T	D	T	V	T
Z	I	D	N	B	W	G	S	D	R	R	D	Z	T	K	X	W	U	B
E	E	E	D	Q	J	O	K	R	C	N	U	X	R	M	W	F	J	Y
N	K	P	V	M	F	G	E	L	O	D	K	E	Z	F	U	F	R	R
E	G	R	V	G	P	R	Y	R	M	B	B	Z	W	L	A	H	A	P
R	I	O	L	S	E	H	C	B	B	A	O	H	K	Z	G	A	U	G
O	D	T	L	P	J	U	G	M	R	X	H	S	T	W	T	C	Q	M	Y
B	N	N	H	U	T	B	R	S	L	K	Z	C	A	D	C	W	K	Y
E	I	E	A	D	H	J	R	X	X	E	F	X	H	R	V	U	R	G
G	W	N	S	P	N	I	B	A	I	Q	U	D	V	I	Z	V	U	P
B	H	O	E	S	F	R	R	T	U	C	V	Q	V	O	N	T	E	V
A	C	T	R	V	N	S	R	F	Y	M	J	I	E	W	E	E	M	P
T	S	O	R	H	A	E	T	R	Z	Z	O	Q	V	P	R	W	M	S
T	E	H	G	G	I	J	F	E	D	N	N	Q	V	S	A	G	U	M
L	G	P	J	S	T	X	D	E	L	C	V	I	N	F	N	X	N	M
E	N	W	E	E	M	U	A	Z	T	A	N	Z	C	N	K	S	G	W
M	E	L	E	L	H	S	A	E	E	A	N	E	V	X	Q	Q	S	Z
E	T	B	Z	Y	H	W	Y	K	M	E	U	W	L	Z	K	Z	D	W
C	T	J	A	F	F	F	U	A	W	A	Q	O	J	W	W	U	O	R
H	A	D	A	H	K	A	E	N	X	A	O	R	I	E	V	F	L	L
D	H	U	V	L	M	U	U	O	G	M	L	H	I	R	A	Z	O	V
G	C	X	K	F	C	B	W	N	T	C	I	M	R	Y	W	Q	N	V
L	S	P	B	Z	E	T	A	E	M	N	A	I	P	V	P	K	E	J
Q	F	F	S	Q	M	F	G	R	F	L	R	K	Z	K	M	O	X	X

```
Y A D G F H R A U M Z E I T L L S X A
P W M V W Q P S V T Z V B O E A Y Q Q
M N E L T G M Z F W W G Z O T S D D A
K X I G L N K I N P K N D L Z E C V T
Y R O V W R O I N Z P U O I T R F A S
Y E T X X N Q K N E H F R E E S O Z K
Q T E N Y Q G R V R O P K F R C I S V
Z O C O U S I O R E T M G P O H Q L N
G B J Y B P G C O I O U V O O W F L L
D U S F X O J L J R N R T N G E N A A
A C M Y N U T Y I U E H J P E R I Q N
B A W E Z F C H L A N C M Y E T G V K
Q V N K D H K A B T S S B H T Z V A Z
U O I C Q H U S T N E T O H X M O E I
A R M Y S T Z V J E G I Y Q M Q O P W
N P K A I Q T M D C E E R N N V H P U
T X D R K K B K H N L Z I E I V L Q L
E Y O P Q V F Z G V F W S I T U X T E
N N R L F M N R S Z F G G N O U R F
V U C Z P T Y R E H C S I N O I B H Z
I J Y O Q E A T U G D N A R T S V O J
R V S O E C X E S P J M L G F A D N R
E L C M I K Z R H V F O N A Z C N Y K
N B K P J H Y E O Q T G O N D J O I I
```

5

VACUBOTER	LASERSCHWERT
HYPNOPFEIL	PHOTONENSEGEL
QUANTENVIREN	ZEITSCHRUMPFUNG
VOGONEN RITUAL	BIONISCHER ROBOTER
LETZTER CENTAURIER	RAUMZEIT STRANDGUT

Lösung

```
Y A D G F H R A U M Z E I T L L S X A
P W M V W Q P S V T Z V B O E A Y Q Q
M N E L T G M Z F W W G Z O T S D D A
K X I G L N K I N P K N D L Z E C V T
Y R O V W R O I N Z P U O I T R F A S
Y E T X X N Q K N E H F R E E S O Z K
Q T E N Y Q G R V R O P K F F R C I S V
Z O C O U S I O R E T M G P O H Q L N
G B J Y B P G C O I O U V O O W F L L
D U S F X O J L J R N R T N G E N A A
A C M Y N U T Y I U E H J P E R I Q N
B A W E Z F C H L A N C M Y E T G V K
Q V N K D H K A B T S S B H T Z V A Z
U O I C Q H U S T N E T O H X M O E I
A R M Y S T Z V J E G I Y Q M Q O P W
N P K A I Q T M D C E E R N N V H P U
T X D R K K B K H N L Z I E I V L Q L
E Y O P Q V F Z G V F W S I T U X T E
N N R R L F M N R S Z F G G N O U R F
V U C Z P T Y R E H C S I N O I B H Z
I J Y O Q E A T U G D N A R T S V O J
R V S O E C X E S P J M L G F A D N R
E L C M I K Z R H V F O N A Z C N Y K
N B K P J H Y E O Q T G O N D J O I I
```

```
F Z E I T F R A K T U R M E T I R O C
F J F P O P C E Z R C S U B I V X R R
I Z W F T C K O A I E U E K G H T L N
H E S L S B C D W F A I C S N Y M W K
C I I T W T O E E U G F K Q C T A Z I
S T A O Y F H P K I B T E Z W S A F N
R M H E V M C D Y S L I N Z W C N Q K
A U C L A U S V N W V O K H X H N H U
L E H I D R T L J C H R A T M A L C B
L L E K T K H F D P U L M L Y L F D A
E L W Z A H C L G D V S E A J L G H T
T G X O R L I Y Q L S F R X S G K H O
S A B O I Y L I T W K N A H L R U W R
R T Q W P E R K Y F Q X J G W A S M G
E R D V M F E I Z G X P O L H N D C E
T J U Q U Y T P V Z F P Q Y M A D Q S
N O M E A X N Q V F R H J P L T L B C
I H X S R Q U P G N M N D L H E S Z H
Q J V E R J U E N G U N G S T A N K O
F K H C N Z F S D I S C O K J M J T E
A J Y F E L N T I D E S N C Z V C X P
B E U F E L M I K R O N A U T L T K F
Z L P I W D R K V X H D Q W M Z A F M
S M K R C V Y U I I C F V M S E Z N A
```

MIKRONAUT
RAUMPIRAT
ZEITMUELL
ZEITFRAKTUR
MUECKENKAMERA

SCHALLGRANATE
UNTERLICHTSCHOCK
VERJUENGUNGSTANK
INKUBATORGESCHOEPF
INTERSTELLARSCHIFF

Lösung

```
F  Z  E  I  T  F  R  A  K  T  U  R  M  E  T  I  R  O  C
F  J  F  P  O  P  C  E  Z  R  C  S  U  B  I  V  X  R  R
I  Z  W  F  T  C  K  O  A  I  E  U  E  K  G  H  T  L  N
H  E  S  L  S  B  C  D  W  F  A  I  C  S  N  Y  M  W  K
C  I  I  T  W  T  O  E  E  U  G  F  K  Q  C  T  A  Z  I
S  T  A  O  Y  F  H  P  K  I  B  T  E  Z  W  S  A  F  N
R  M  H  E  V  M  C  D  Y  S  L  I  N  Z  W  C  N  Q  K
A  U  C  L  A  U  S  V  N  W  V  O  K  H  X  H  N  H  U
L  E  H  I  D  R  T  L  J  C  H  R  A  T  M  A  L  C  B
L  L  E  K  T  K  H  F  D  P  U  L  M  L  Y  L  F  D  A
E  L  W  Z  A  H  C  L  G  D  V  S  E  A  J  L  G  H  T
T  G  X  O  R  L  I  Y  Q  L  S  F  R  X  S  G  K  H  O
S  A  B  O  I  Y  L  I  T  W  K  N  A  H  L  R  U  W  R
R  T  Q  W  P  E  R  K  Y  F  Q  X  J  G  W  A  S  M  G
E  R  D  V  M  F  E  I  Z  G  X  P  O  L  H  N  D  C  E
T  J  U  Q  U  Y  T  P  V  Z  F  P  Q  Y  M  A  D  Q  S
N  O  M  E  A  X  N  Q  V  F  R  H  J  P  L  T  L  B  C
I  H  X  S  R  Q  U  P  G  N  M  N  D  L  H  E  S  Z  H
Q  J  V  E  R  J  U  E  N  G  U  N  G  S  T  A  N  K  O
F  K  H  C  N  Z  F  S  D  I  S  C  O  K  J  M  J  T  E
A  J  Y  F  E  L  N  T  I  D  E  S  N  C  Z  V  C  X  P
B  E  U  F  E  L  M  I  K  R  O  N  A  U  T  L  T  K  F
Z  L  P  I  W  D  R  K  V  X  H  D  Q  W  M  Z  A  F  M
S  M  K  R  C  V  Y  U  I  I  C  F  V  M  S  E  Z  N  A
```

Gefundene Wörter: ZEITFRAKTUR, ZEITMULLER, KOCHSCHCLIY... VERJUENGUNGSTANK, MIKRONAUT, INKUBATORGESCHEF

```
A  L  R  B  K  P  I  E  V  B  K  L  A  Z  S  Q  J  K  Q
B  B  E  I  R  T  N  A  N  E  N  O  T  O  H  P  R  Q  Q
N  Q  T  B  P  N  N  E  F  T  Q  U  F  C  F  F  T  N  V
T  R  R  E  N  E  R  O  B  E  G  R  H  A  W  W  B  T  E
I  O  I  D  X  W  C  Z  V  E  S  D  Y  R  G  O  N  T  C
Z  T  C  I  K  J  S  P  N  W  M  U  M  E  H  E  B  H  L
H  A  K  O  O  N  S  K  G  Y  G  B  E  N  E  F  O  R  T
I  R  E  V  V  Q  A  R  I  E  K  H  K  K  G  L  I  I  D
E  E  Z  L  F  X  H  T  C  P  P  Y  Y  U  O  N  E  A  E
T  N  O  K  E  T  P  X  M  M  A  L  X  K  X  Z  P  C  R
R  E  H  K  Z  K  W  F  M  U  N  N  O  B  O  W  K  W  S
P  G  N  O  K  I  T  M  A  R  A  M  T  D  E  G  I  H  E
E  N  M  A  R  B  Y  R  U  U  M  R  U  R  R  X  J  W  O
S  E  S  S  L  D  M  F  O  P  K  E  T  Z  I  S  W  Z  I
T  T  L  D  Y  P  S  S  J  N  S  N  O  A  T  E  R  J  M
B  N  A  S  N  G  R  T  N  P  I  L  E  V  Z  R  B  L  N
A  A  A  U  W  C  U  E  H  P  J  S  Z  Z  D  M  A  I  Y
Z  U  E  X  L  A  H  Z  S  C  J  G  C  Y  U  Y  Y  G  P
I  Q  H  U  B  N  B  N  K  S  I  A  J  H  M  X  Y  W  Q
L  M  O  Q  A  Z  R  H  B  U  A  S  H  A  E  W  R  X  V
L  I  M  J  A  B  U  L  B  O  M  W  F  O  J  K  A  A  U
E  K  I  V  G  L  B  J  J  R  N  F  D  U  D  I  N  R  A
N  Z  A  J  O  M  D  L  T  E  J  X  V  J  A  U  F  U  P
V  A  U  P  I  P  S  Q  K  Y  X  X  C  S  E  I  D  N  P
```

7

HOLOKOM
TRAUMTANK
PSEUDOZEIT
SKIPANTRIEB
WASSERPLANET

WAHRGEBORENER
AUFSICHTSDROHNE
PHOTONENANTRIEB
QUANTENGENERATOR
ELEKTRONISCHE PESTBAZILLEN

Lösung

```
A L R B K P I E V B K L A Z S Q J K Q
B B E I R T N A N E N O T O H P P R Q Q
N Q T B P N N E F T Q U F C F F T N V
T R R E N E R O B E G R H A W W B T E
I O I D X W C Z V E S D Y R G O N T C
Z T C I K J S P N W M U M E H E B H L
H A K O O N S K G Y G B E N E F O R T
I R E V V Q A R I E K H K K G L I I D
E E Z L F X H T C P P Y Y U O N E A E
T N O K E T P X M M A L X K X Z P C R
R E H K Z K W E M U N N O B O W K W S
P G N O K I T M A R A M T D E G I H E
E N M A R B Y R U U M R U R R X J W O
S E S S L D M F O P K E T Z I S W Z I
T T L D Y P S S J N S N O A T E R J M
B N A S N G R T N P I L E V Z R B L N
A A A U W C U E H P J S Z Z D M A I Y
Z U E X L A H Z S C J G C Y U Y Y G P
I Q H U B N B N K S I A J H M X W Q
L M O Q A Z R H B U A S H A E W R X V
L I M J A B U L B O M W F O J K A A U
E K I V G L B J J R N F D U D I N R A
N Z A J O M D L T E J X V J A U F U P
V A U P I P S Q K Y X X C S E I D N P
```

```
C Q K P L A S M A G R A N A T E S M E
A P K S R A F X T A V I E A X I E F O
P W G J J B T A K N X Y F J M W M G J
C O E K L S O M V E N M J U J L F P L
Z F C C V C U A F H E Q L J U Q Z K W
U Y I I U J B U V N H O C S F A L V U
J L K K A J P U J C I P O H G R G Z G
E L Z Q B B E K G D A E P Y L R T C W
G N U D A L S G N U F P E O H C S C A
Z E I T R A P T O R E N E D U L L K A
J X P I N U N N G D C Z N P P B A J M
E G P N R I H E G N E N O R T I S O P
R E A L I T A E T S G E N E R A T O R
D F U L Y H X H K T I P A G Z J S U R
T Y S Q A O R I J X Z K K P L G Q W Q
X U N C G V A V Q J Q B F X R T O A U
Y E Z I C V C B K I I A P U T D X H A
V K A J M E O Z M N S O M G B B V F R
M Z F V B C I Q P U X Y U J G J P H Z
O K X N V W L P B J K H R T S T W B H
Z Q Q S G Q E E X S R I H L J C K J I
Y D S R F L H A Z A D Y C F X S T C R
E P P A K K N E D B T H S V H J I B N
J B L X W G G P K O F K M C H A O M V
```

8

SIMULOID
HELIOCAR
QUARZHIRN
DENKKAPPE
ZEITRAPTOREN

PLASMAGRANATE
SCHRUMPFKANONE
POSITRONENGEHIRN
SCHOEPFUNGSLADUNG
REALITAETSGENERATOR

53

Lösung

```
C  Q  K  P  L  A  S  M  A  G  R  A  N  A  T  E  S  M  E
A  P  K  S  R  A  F  X  T  A  V  I  E  A  X  I  E  F  O
P  W  G  J  J  B  T  A  K  N  X  Y  F  J  M  W  M  G  J
C  O  E  K  L  S  O  M  V  E  N  M  J  U  J  L  F  P  L
Z  F  C  C  V  C  U  A  F  H  E  Q  L  J  U  Q  Z  K  W
U  Y  I  I  U  J  B  U  V  N  H  O  C  S  F  A  L  V  U
J  L  K  K  A  J  P  U  J  C  I  P  O  H  G  R  G  Z  G
E  L  Z  Q  B  B  E  K  G  D  A  E  P  Y  L  R  T  C  W
G  N  U  D  A  L  S  G  N  U  F  P  E  O  H  C  S  C  A
Z  E  I  T  R  A  P  T  O  R  E  N  E  D  U  L  L  K  A
J  X  P  I  N  U  N  N  G  D  C  Z  N  P  P  B  A  J  M
E  G  P  N  R  I  H  E  G  N  E  N  O  R  T  I  S  O  P
R  E  A  L  I  T  A  E  T  S  G  E  N  E  R  A  T  O  R
D  F  U  L  Y  H  X  H  K  T  I  P  A  G  Z  J  S  U  R
T  Y  S  Q  A  O  R  I  J  X  Z  K  K  P  L  G  Q  W  Q
X  U  N  C  G  V  A  V  Q  J  Q  B  F  X  R  T  O  A  U
Y  E  Z  I  C  V  C  B  K  I  I  A  P  U  T  D  X  H  A
V  K  A  J  M  E  O  Z  M  N  S  O  M  G  B  B  V  F  R
M  Z  F  V  B  C  I  Q  P  U  X  Y  U  J  G  J  P  H  Z
O  K  X  N  V  W  L  P  B  J  K  H  R  T  S  T  W  B  H
Z  Q  Q  S  G  Q  E  E  X  S  R  I  H  L  J  C  K  J  I
Y  D  S  R  F  L  H  A  Z  A  D  Y  C  F  X  S  T  C  R
E  P  P  A  K  K  N  E  D  B  T  H  S  V  H  J  I  B  N
J  B  L  X  W  G  G  P  K  O  F  K  M  C  H  A  O  M  V
```

O	T	D	B	H	B	N	X	V	R	H	C	P	W	R	K	D	Z	T
T	E	P	P	C	H	U	C	B	H	Y	H	Z	Z	L	E	O	O	B
H	L	R	R	E	N	A	I	S	U	R	Y	P	A	P	F	A	R	V
S	E	G	L	X	T	O	R	M	B	B	X	Z	Q	X	E	D	A	W
K	P	Z	B	Z	M	Q	E	I	J	T	Q	K	O	Z	W	Q	H	E
J	O	C	Q	B	P	E	L	X	C	X	N	S	D	Y	U	Z	X	Z
Y	R	T	M	A	C	N	R	G	N	U	V	N	C	Q	E	Z	F	N
I	T	W	G	K	S	A	D	Y	R	P	W	J	S	R	O	J	W	B
F	E	B	L	A	U	K	O	P	F	R	E	P	T	I	D	E	M	B
U	R	J	P	E	U	Z	C	C	G	S	T	I	G	P	M	E	G	E
B	B	C	M	U	J	Z	N	D	M	C	V	I	S	T	Q	F	L	L
W	R	E	F	E	A	L	H	C	S	E	T	L	E	A	K	J	K	Z
M	A	G	M	A	S	C	H	L	E	U	D	E	R	G	Q	F	U	C
T	R	A	N	S	P	O	R	T	E	R	S	T	R	A	H	L	U	F
I	I	D	T	F	S	Z	D	I	N	O	E	Y	Q	W	D	W	L	K
Z	N	N	I	N	F	I	Y	M	P	L	A	O	M	H	P	Z	E	D
C	K	I	M	C	C	U	S	G	I	S	P	X	O	R	T	T	B	Y
P	Y	Z	K	O	M	F	K	J	B	X	F	J	O	O	Y	H	E	Y
J	P	W	G	F	Z	A	O	N	G	O	M	X	U	N	W	E	I	Q
D	O	Q	J	K	S	P	E	O	M	O	Y	I	T	Z	Y	K	R	C
V	N	A	P	S	Y	C	H	O	S	C	H	I	L	D	E	P	T	X
I	G	F	S	Z	E	I	T	K	R	A	N	K	H	E	I	T	N	W
T	X	H	J	R	Y	J	S	C	M	Q	B	P	U	K	W	Y	A	Q
L	B	M	E	T	A	C	H	Y	O	N	E	N	S	T	A	U	B	T

9

TELEPORTER

SKIP ANTRIEB

PAPYRUSIANER

ZEITKRANKHEIT

BLAUKOPFREPTID

PSYCHOSCHILDE

KAELTESCHLAEFER

TACHYONENSTAUB

MAGMASCHLEUDER

TRANSPORTERSTRAHL

Lösung

```
O  T  D  B  H  B  N  X  V  R  H  C  P  W  R  K  D  Z  T
T  E  P  P  C  H  U  C  B  H  Y  H  Z  Z  L  E  O  O  B
H  L  R  R  E  N  A  I  S  U  R  Y  P  A  P  F  A  R  V
S  E  G  L  X  T  O  R  M  B  B  X  Z  Q  X  E  D  A  W
K  P  Z  B  Z  M  Q  E  I  J  T  Q  K  O  Z  W  Q  H  E
J  O  C  Q  B  P  E  L  X  C  X  N  S  D  Y  U  Z  X  Z
Y  R  T  M  A  C  N  R  G  N  U  V  N  C  Q  E  Z  F  N
I  T  W  G  K  S  A  D  Y  R  P  W  J  S  R  O  J  W  B
F  E  B  L  A  U  K  O  P  F  R  E  P  T  I  D  E  M  B
U  R  J  P  E  U  Z  C  C  G  S  T  I  G  P  M  E  G  E
B  B  C  M  U  J  Z  N  D  M  C  V  I  S  T  Q  F  L  L
W  R  E  F  E  A  L  H  C  S  E  T  L  E  A  K  J  K  Z
M  A  G  M  A  S  C  H  L  E  U  D  E  R  G  Q  F  U  C
T  R  A  N  S  P  O  R  T  E  R  S  T  R  A  H  L  U  F
I  I  D  T  F  S  Z  D  I  N  O  E  Y  Q  W  D  W  L  K
Z  N  N  I  N  F  I  Y  M  P  L  A  O  M  H  P  Z  E  D
C  K  I  M  C  C  U  S  G  I  S  P  X  O  R  T  T  B  Y
P  Y  Z  K  O  M  F  K  J  B  X  F  J  O  O  Y  H  E  Y
J  P  W  G  F  Z  A  O  N  G  O  M  X  U  N  W  E  I  Q
D  O  Q  J  K  S  P  E  O  M  O  Y  I  T  Z  Y  K  R  C
V  N  A  P  S  Y  C  H  O  S  C  H  I  L  D  E  P  T  X
I  G  F  S  Z  E  I  T  K  R  A  N  K  H  E  I  T  N  W
T  X  H  J  R  Y  J  S  C  M  Q  B  P  U  K  W  Y  A  Q
L  B  M  E  T  A  C  H  Y  O  N  E  N  S  T  A  U  B  T
```

```
R D M E P U O F C H X J A A W G B T S
C F N E S S A R L E P P O D S S U K X
K J S Y Z P S F C X J Q P M C C A M N
S F F Q A O S M O S E M A S K E T D V
E B P Q R H A A N L X H D H Z I S Q S
T L V J D S G U X W P W I S E Q S P B
A L R I Y R D X K A I X M G N M T P Y
O X L Q L H D P K O J T E W P T I J N
D P S V U J C R U H H P N L T E E E B
T I B W F Z Z D O D U B S U U Y K I E
A N E U T R O N E N P E I T S C H E I
D J Z C P Y H F A B F S O X C X C O R
O N N D P H P F H P I V N A H S I R T
Q P F G U V H G Z W F M S M L E L N N
L L A T S I R K O G R O B T A E K J A
F E M B O T B B S O K V R J F X R Y P
T L E Y C X O O G Q F U E T K R I C R
B F L C Y J X D M G O L C T A V W X A
I G Y F C I Z M W D W S H Q M O P X W
M A T E R I E W A N D L E R M L T H Z
R C K H T J J T M B J E R Y E O J M N
A W G C D C L G U Y C Z W U R N J H W
W T Q X N N X L K D D L N C V P Y I I
F F W A C K O Z Y D I Q Z O P U P I I
```

10

FEMBOT
DOPPELRASSE
WARPANTRIEB
ORGOKRISTALL
OSMOSEMASKE

SCHLAFKAMMER
MATERIEWANDLER
WIRKLICHKEITSSTAUB
DIMENSIONSBRECHER
NEUTRONENPEITSCHE

Lösung

R	D	M	E	P	U	O	F	C	H	X	J	A	A	W	G	B	T	S
C	F	N	E	S	S	A	R	L	E	P	P	O	D	S	S	U	K	X
K	J	S	Y	Z	P	S	F	C	X	J	Q	P	M	C	C	A	M	N
S	F	F	Q	A	O	S	M	O	S	E	M	A	S	K	E	T	D	V
E	B	P	Q	R	H	A	A	N	L	X	H	D	H	Z	I	S	Q	S
T	L	V	J	D	S	G	U	X	W	P	W	I	S	E	Q	S	P	B
A	L	R	I	Y	R	D	X	K	A	I	X	M	G	N	M	T	P	Y
O	X	L	Q	L	H	D	P	K	O	J	T	E	W	P	T	I	J	N
D	P	S	V	U	J	C	R	U	H	H	P	N	L	T	E	E	E	B
T	I	B	W	F	Z	Z	D	O	D	U	B	S	U	U	Y	K	I	E
A	N	E	U	T	R	O	N	E	N	P	E	I	T	S	C	H	E	I
D	J	Z	C	P	Y	H	F	A	B	F	S	O	X	C	X	C	O	R
O	N	N	D	P	H	P	F	H	P	I	V	N	A	H	S	I	R	T
Q	P	F	G	U	V	H	G	Z	W	F	M	S	M	L	E	L	N	A
L	L	A	T	S	I	R	K	O	G	R	O	B	T	A	E	K	J	A
F	E	M	B	O	T	B	B	S	O	K	V	R	J	F	X	R	Y	P
T	L	E	Y	C	X	O	O	G	Q	F	U	E	T	K	R	I	C	R
B	F	L	C	Y	J	X	D	M	G	O	L	C	T	A	V	W	X	A
I	G	Y	F	C	I	Z	M	W	D	W	S	H	Q	M	O	P	X	W
M	A	T	E	R	I	E	W	A	N	D	L	E	R	M	L	T	H	Z
R	C	K	H	T	J	J	T	M	B	J	E	R	Y	E	O	J	M	N
A	W	G	C	D	C	L	G	U	Y	C	Z	W	U	R	N	J	H	W
W	T	Q	X	N	N	X	L	K	D	D	L	N	C	V	P	Y	I	I
F	F	W	A	C	K	O	Z	Y	D	I	Q	Z	O	P	U	P	I	I

```
A I J S U Z X W A E R X Y Y F R U P E
N L T E G R V Y A O E X B G R D M L H
K M M X F Y A G T X J I N O J B X A M
R U E K S D N A K R A C I Z M I C N F
A A T S R J G B E I Z D N B O H O E D
H R U Z H O E G H R E W T S O O M T V
O T F M R F R E E N G X D D T M J E P
W S B T Y A U P R N J Z L L M Z Y N M
K A S M H I L A S J T E U S J Y P F S
N A Q C Y I S D Y Y B P G Q O F L E O
X T T K S Y N K J A V J P K M N S V
N N T A E S Y R E O V E X O S K Y T M
N A T Z J R U G R Q K X R Q Y D S U K
U O V P B R H X W R H F N H Z T Y N I
R Z R U U P X T Y N K H B F W I I G N
D S X L S P H X R J S K Q K T I A F O
B V U O F O Y A Z C E E A T M F G K R
F A I S L V C V D M T V I C Z E T D T
N T R A K T O R S T R A H L P Y H B O
X E R X C F R Z F T Y Y C V N E F D H
E F F Q P H A V W I Q J S P G A S M C
T V T D W F Z L J X A S E R I O D T Y
S M B Y X Q Q V Y C X P Q H Z V E B S
R E G N E A G T I E Z C N S O L A H P
```

11

XASER CHARGER
ROIDENRASSE
ASTROGATOR
ULURU HALO
REPLIKATOR

ZEITGAENGER
STRAUMLI PEST
PSYCHOTRONIK
TRAKTORSTRAHL
PLANETENFESTUNG

Lösung

```
A I J S U Z X W A E R X Y Y F R U P E
N L T E G R V Y A O E X B G R D M L H
K M M X F Y A G T X J I N O J B X A M
R U E K S D N A K R A C I Z M I C N F
A T S R J G B E I Z D N B O H O E D
H R U Z H O E G H R E W T S O O M T V
O T F M R F R E E N G X D D T M J E P
W S B T Y A U P R N J Z L L M Z Y N M
K A S M H I L A S J T E U S J Y P F S
N A Q C Y I S D Y Y B P G Q O F L E O
X T T K S Y N K J A V J P K M N S V
N N T A E S Y R E O V E X O S K Y T M
N A T Z J R U G R Q K X R Q Y D S U K
U O V P B R H X W R H F N H Z T Y N I
R Z R U U P X T Y N K H B F W I I G N
D S X L S P H X R J S K Q K T I A F O
B V U O F O Y A Z C E E A T M F G K R
F A I S L V C V D M T V I C Z E T D T
N T R A K T O R S T R A H L P Y H B O
X E R X C F R Z F T Y Y C V N E F D H
E F F Q P H A V W I Q J S P G A S M C
T V T D W F Z L J X A S E R I O D T Y
S M B Y X Q Q V Y C X P Q H Z V E B S
R E G N E A G T I E Z C N S O L A H P
```

```
S O X W S B U V N Q F Q N T P F U G Q
M T W R V D Q T E A K X C O L M V E H
H A D D K L T Q T I I G I D A R U X P
F L S A I J Q W I O S N T E N X R Q G
R M I C G R F V N D F L R S E K N R I
H D T O H B M T I A A H A S T W U X P
V A A V K I P G L L N O U T E E R V A
J P T H J V N M K L T U M R N S A V A
J U O W V O P E S P I L T A S H S E H
J V L P T P K F E R G D A H C T R D O
Z R Y M R W P I M A R H N L H I H I W
O J E I F W J D C U A D K A I T A O S
C C J F U T B R M M V I E H F N E R Q
D U G X O G U F O K F S W O F D C D Y
M C P Y Q E Y G N R E R Z L Q B T F O
P G B V N V H D D U L U I A V R B P A
D D G F F O T J B E D P H H B U L M T
Z W N Y H A U S R M L T G P X M P A X
G E I Z U C H T A M R O K S C M U K Z
W O I Y O S A G N U Q R L X T E E F W
R S J D A G N J D N R D F C L N M L O
T C V O I I Z O Y G K W U W S F H K H
S Z A E H J E N W S O J G I G S Z A V
U J L V M A B X E O Z J F Q Y H S J S
```

12

ANTIGRAVFELD
TAOS BRUMMEN
PLANETENSCHIFF
MESKLINITEN ZUCHT
RAUMKRUEMMUNGS MASCHINE

DISRUPTOR
TRAUMTANK
TODESSTRAHL
MONDBRANDY
KAMPFDROIDE

```
S O X W S B U V N Q F Q N T P F U G Q
M T W R V D Q T E A K X C O L M V E H
H A D D K L T Q T I I G I D A R U X P
F L S A I J Q W I O S N T E N X R Q G
R M I C G R F V N D F L R S E K N R I
H D T O H B M T I A H A S T W U X P
V A A V K I P G L L N O U T E E R V A
J P T H J V N M K L T U M R N S A V A
J U O W V O P E S P I L T A S H S E H
J V L P T P K F E R G D A H C T R D O
Z R Y M R W P I M A R H N L H I H I W
O J E I F W J D C U A D K A I T A O S
C C J F U T B R M M V I E H F N E R Q
D U G X O G U F O K F S W O F D C D Y
M C P Y Q E Y G N R E R Z L Q B T F O
P G B V N V H D U L U I A V R B P A
D D G F F O T J B E D P H H B U L M T
Z W N Y H A U S R M L T G P X M P A X
G E I Z U C H T A M R O K S C M U K Z
W O I Y O S A G N U Q R L X T E E F W
R S J D A G N J D N R D F C L N M L O
T C V O I I Z O Y G K W U W S F H K H
S Z A E H J E N W S O J G I G S Z A V
U J L V M A B X E O Z J F Q Y H S J S
```

K T L N S F Z R A V N R R Z E C P Q P
S V L K Z V G D F Z I R P U S J C D E
I N A N O M I K R O B E N F Y O S Y T
G T L N I J X J Y K H P N P M D A N G
N U P J W I R B E L T C I D G U S F S
A D A M O Z I W E L L S R S P H A K H
L B W E D A Q C M T T X J A X G G R V
H S C H W E R K R A F T P I S T O L E
A P W G H K A O G A C G F C T M E O N
E X U R B U G E V X I O Q R N W M P U
N A E U W K R M P L Q Y G M N R R G S
D U L D H G X T D C I A I H L X M W I
L T D Q G T B E K U D U E M Q O X O A
E D I A F V C I G V V M R P L N X O N
R U L T R A S C H A L L P I S T O L E
L K J S G U L F T H C I L R E B E U R
V A F M Z B L O I V Q L P X A O N W W
R J S T R A H L E N G E S C H U E T Z
I H O H H T M D Z X F Q O J R Q H J W
K N K R A F T F E L D C F B M K V N R
W S E D N E R E I S L U P E Y R N P B
J Z U F Q K V J B R I D M S B N D I A
G T Q H I O L P T P X X Y V E W F X B
G S F Z U G G V X S P H R K B M O X L

13

VENUSIANER

NANOMIKROBEN

UEBERLICHTFLUG

WELLS AGGREGAT

SIGNALHAENDLER GILDE

RAUM ZEIT WIRBEL

ULTRASCHALLPISTOLE

STRAHLENGESCHUETZ

SCHWERKRAFTPISTOLE

PULSIERENDES KRAFTFELD

Lösung

```
K T L N S F Z R A V N R R Z E C P Q P
S V L K Z V G D F Z I R P U S J C D E
I N A N O M I K R O B E N F Y O S Y T
G T L N I J X J Y K H P N P M D A N G
N U P J W I R B E L T C I D G U S F S
A D A M O Z I W E L L S R S P H A K H
L B W E D A Q C M T T X J A X G G R V
H S C H W E R K R A F T P I S T O L E
A P W G H K A O G A C G F C T M E O N
E X U R B U G E V X I O Q R N W M P U
N A E U W K R M P L Q Y G M N R R G S
D U L D H G X T D C I A I H L X M W I
L T D Q G T B E K U D U E M Q O X O A
E D I A F V C I G V V M R P L N X O N
R U L T R A S C H A L L P I S T O L E
L K J S G U L F T H C I L R E B E U R
V A F M Z B L O I V Q L P X A O N W W
R J S T R A H L E N G E S C H U E T Z
I H O H H T M D Z X F Q O J R Q H J W
K N K R A F T F E L D C F B M K V N R
W S E D N E R E I S L U P E Y R N P B
J Z U F Q K V J B R I D M S B N D I A
G T Q H I O L P T P X X Y V E W F X B
G S F Z U G G V X S P H R K B M O X L
```

```
U C N R C Z Q R K P S Z J I E O L T Y
N U E P W V J Z R Z X D L S T K I L C
Q V A J L D I M O A K S Q U Z E V H S
I V C G N R I O S D V T X S X R D A X
S N E W A A Z S I D D J H I R A J Y Y
H U U C S I E U V S W K M W R Z J W I
A F T D G L C V E E M N S B C T R A G
N S T S T G C U L Z K V O O F O A G I
T B Z G Z U X O E E A Q N Q F C E M S
B L G D V N X I T P Z G N O B R M R A
P D P L M A T V O Z X I E V E H M W K
Z T F M A M M R R T R I N O P M K L M
D H C V U F I D L A A M P F D P O T J
Q J E E H S G C I S V A L Y R X B R I
P M L Y I U E D Q U A D A R R F P T N
G L X E D D I A U F A D S W X Z G D N
I R R T M O C W H W G P M R T U E F G
Y E N O R R Y D R P O X A R A W N K S
N Z Z D F Y R E D R O C I R T H E S E
B M N O S T P Y R L T R D Y Z S R E C
Y A I B O R X P A T P Z V X R O A Q C
K C G C Z Q T K Y M Q I R Z W J T Z Z
J R Z K B W Y I I O W R W X Q S O N N
H R D J D N O M L E P P O D D A R T A
```

14

TELEVISOR

TRICORDER

DOPPELMOND

VAPORISIEREN

SONNENPLASMA GENERATOR

MATRIX

RAILGUN

ANDROID

ZEITMUELL

NEW ROME

Lösung

```
U C N R C Z Q R K P S Z J I E O L T Y
N U E P W V J Z R Z X D L S T K I L C
Q V A J L D I M O A K S Q U Z E V H S
I V C G N R I O S D V T X S X R D A X
S N E W A A Z S I D D J H I R A J Y Y
H U U C S I E U V S W K M W R Z J W I
A F T D G L C V E E M N S B C T R A G
N S T S T G C U L Z K V O O F O A G I
T B Z G Z U X O E E A Q N Q F C E M S
B L G D V N X I T P Z G N O B R M R A
P D P L M A T V O Z X I E V E H M W K
Z T F M A M M R R T R I N O P M K L M
D H C V U F I D L A A M P F D P O T J
Q J E E H S G C I S V A L Y R X B R I
P M L Y I U E D Q U A D A R R F P T N
G L X E D D I A U F A D S W X Z G D N
I R R T M O C W H W G P M R T U E F G
Y E N O R R Y D R P O X A R A W N K S
N Z Z D F Y R E D R O C I R T H E S E
B M N O S T P Y R L T R D Y Z S R E C
Y A I B O R X P A T P Z V X R O A Q C
K C G C Z Q T K Y M Q I R Z W J T Z Z
J R Z K B W Y I I O W R W X Q S O N N
H R D J D N O M L E P P O D D A R T A
```

```
D D B K N L B G H M R Q P P U Z K U Q
R V I R O M W T V N K G H B F H U K R
Z Q K S Z T T A I F Y R T T P C P J J
Y V N G D S B X B X Y P T I E S L V V
Z B K Z U I F I R B X E Q V H T H M R
E G A O U L V A A N S C U C D V A M S
I B E A M E N R B N N K G N K B R R A U
T Y L Y X Y G V L I J Z J W R I T D R
W H T A H T T I A C J B F E A J S F A
A H B K I G U C S H T E C G U G T G U
E Q I E K Q R T X Q O F U M E R A M
C X Z O Z Z Z G E V S E C D G B O S Z
H F N C V E P P R F H X U Z L V P P E
T J S D K A M P F R O B O T E R S L I
E F W E M L M S U W G Q V N I F N A T
R G U I U A Y H I L G J G G T O A N A
P I H C S I N H C E A D E G E H R E N
A H J J S P L I W N G V U B R T T T Z
J F L M K S S M Z E G S Z O Q Q T O U
Y X K G W X J G U S N E F P B B I I G
J N E M R Z S B R R D C G D X P E D R
H M R R X W H X F D F Z S M U E Z M F
S B S G U G M O M H T F U E Z A Z G V
A T B U D W K A X J L M L A P V D A J
```

RAUMGLEITER

VIBRABLASTER

KAMPFROBOTER

GEDAECHNISCHIP

ZEITTRANSPORTSTRAHL

BEAMEN

ZEITGRAB

GASPLANETOID

ZEITWAECHTER

RAUMZEITANZUG

Lösung

```
D D B K N L B G H M R Q P P U Z K U Q
R V I R O M W T V N K G H B F H U K R
Z Q K S Z T T A I F Y R T T P C P J J
Y V N G D S B X B X Y P T I E S L V V
Z B K Z U I F I R B X E Q V H T H M R
E G A O U L V A A N S C U C D V A M S
I B E A M E N R B N K G N K B R R A U
T Y L X Y G V L I J Z J W R I T D R
W H T A H T T I A C J B F E A J S F A
A H B K I G U C S H T E C G U G T G U
E Q I E K Q Q R T X Q O F U M E R A S M
C X Z O Z Z Z G E V S E C D G B O S P Z
H F N C V E P P R F H X U Z L V P P E
T J S D K A M P F R O B O T E R S L I
E F W E M L M S U W G Q V N I F N A T
R G U I U A Y H I L G J G G T O A N
P I H C S I N H C E A D E G E H R E N
A H J J S P L I W N G V U B R T T T Z
J F L M K S S M Z E G S Z O Q Q T O I
Y X K G W X J G U S N E F P B B I I G
J N E M R Z S B R R D C G D X P E D R
H M R R X W H X F D F Z S M U E Z M F
S B S G U G M O M H T F U E Z A Z G V
A T B U D W K A X J L M L A P V D A J
```

```
X B J G M B F M Z E U G N S T A A Z G
N E U Z A H G F Y C W Y F G I M V M A
R I T J R A M U I Y V P B B U C C E N
E R B P S U I Y W H E S K A O B E M T
L T R Y W L M G R F C G R K Z G O O W
D N W S E R F M G A X S X S T W I K Z
N A K G S D Q A Y O N D M K F I P R E
A N S B E K W V N O Y Q K U F S D I I
W E B E N X O I I X V A Y Y A I A S T
H T J W B Q H S B J Y A L K M R Z T K
C O R G Z R N U A E Y P Z E N H J A O
A Y A D K E M Z R J L C N U G U H L N
R L P A P E O F A T J S R W T N C L D
P O J S M M D Z L Q I W P Y N M H H E
S P U V O T U P Z O N D L D P G X T N
W S L E V S L Q N K H O Y S P S Y W S
N V L U C G X S X N H Z L H M L G C A
Q Y Y J R V F O S A Z Q M X E D D F T
B G E E L E S T R D S L C L A A E U W
M X V S L D C I R O T N E N R E T S M
B A B D C T Y G Y A Z T X O I T B Q D
X L H N A M G J C U I S S A J P O U J
X J A G K Y Z B P D E E N B B B C W L
G P O P U D J A O S N T Z F X A T Z Y
```

16

RAUMSCHIFF   MARSWESEN

STERNENTOR   ZEITKONDENSAT

WOHNMODUL   SPRACHWANDLER

MEMOKRISTALL   POLYOTENANTRIEB

TELELYT DIMENSIONSFELD   SUSPENSIONSRAUM

Lösung

```
X  B  J  G  M  B  F  M  Z  E  U  G  N  S  T  A  A  Z  G
N  E  U  Z  A  H  G  F  Y  C  W  Y  F  G  I  M  V  M  A
R  I  T  J  R  A  M  U  I  Y  V  P  B  B  U  C  C  E  N
E  R  B  P  S  U  I  Y  W  H  E  S  K  A  O  B  E  M  T
L  T  R  Y  W  L  M  G  R  F  C  G  R  K  Z  G  O  O  W
D  N  W  S  E  F  M  G  A  X  S  X  S  T  W  I  K  Z  Z
N  A  K  G  S  D  Q  A  Y  O  N  D  M  K  F  I  P  R  E
A  N  S  B  E  K  W  V  N  O  Y  Q  K  U  F  S  D  I  I
W  E  B  E  N  X  O  I  I  X  V  A  Y  Y  A  I  A  S  T
H  T  J  W  B  Q  H  S  B  J  Y  A  L  K  M  R  Z  T  K
C  O  R  G  Z  R  N  U  A  E  Y  P  Z  E  N  H  J  A  O
A  Y  A  D  K  E  M  Z  R  J  L  C  N  U  G  U  H  L  N
R  L  P  A  P  E  O  F  A  T  J  S  R  W  T  N  C  L  D
P  O  J  S  M  M  D  Z  L  Q  I  W  P  Y  N  M  H  H  E
S  P  U  V  O  T  U  P  Z  O  N  D  L  D  P  G  X  T  N
W  S  L  E  V  S  L  Q  N  K  H  O  Y  S  P  S  Y  W  S
N  V  L  U  C  G  X  S  X  N  H  Z  L  H  M  L  G  C  A
Q  Y  Y  J  R  V  F  O  S  A  Z  Q  M  X  E  D  D  F  T
B  G  E  E  L  E  S  T  R  D  S  L  C  L  A  A  E  U  W
M  X  V  S  L  D  C  I  R  O  T  N  E  N  R  E  T  S  M
B  A  B  D  C  T  Y  G  Y  A  Z  T  X  O  I  T  B  Q  D
X  L  H  N  A  M  G  J  C  U  I  S  S  A  J  P  O  U  J
X  J  A  G  K  Y  Z  B  P  D  E  E  N  B  B  B  C  W  L
G  P  O  P  U  D  J  A  O  S  N  T  Z  F  X  A  T  Z  Y
```

F	K	G	C	E	E	D	J	X	F	T	J	Z	J	H	K	V	E	N
L	G	U	V	Z	L	H	P	L	W	L	E	N	O	M	K	J	H	L
O	T	J	F	E	N	H	Y	T	W	I	N	L	M	Y	F	V	S	B
D	T	A	J	D	I	H	E	G	T	H	O	L	P	B	B	B	P	F	Q
L	C	V	S	O	O	M	G	W	D	D	P	M	V	H	H	H	T	S	P
Y	H	T	E	N	P	R	E	R	E	N	O	S	L	R	S	C	K	U
O	B	U	A	O	L	L	P	C	R	R	B	E	I	R	Q	X	A	E
F	U	F	N	Q	L	W	K	H	I	K	Y	W	J	C	M	F	E	M
J	C	A	Y	E	Y	W	O	P	R	P	H	M	Y	C	A	W	I	E
U	U	S	N	J	F	Y	D	E	N	I	I	V	Z	G	J	K	Z	T
T	H	G	G	V	R	E	S	K	O	J	Q	A	O	Z	R	A	N	B
V	Q	N	B	Z	R	Y	N	R	N	M	T	V	Z	O	P	U	T	Z
B	D	X	G	E	H	L	V	O	K	R	Z	X	Z	T	T	R	G	A
Y	X	R	G	A	V	Y	Y	O	N	W	E	Y	X	I	Y	H	Y	G
C	C	S	L	R	I	Y	M	V	F	A	K	T	E	F	P	X	Z	H
K	W	Z	W	O	B	L	Z	T	F	L	K	Z	S	R	O	R	S	Q
B	P	A	Z	T	R	Z	R	C	O	D	M	N	O	A	G	O	V	X
W	Q	W	K	A	A	A	Q	P	H	U	D	M	E	I	L	B	L	A
I	P	T	J	D	Z	V	D	Z	A	F	O	S	G	N	H	B	S	P
Q	H	P	X	E	T	S	T	R	L	N	P	X	B	V	O	C	K	J
L	L	A	I	R	F	D	P	V	E	O	U	L	G	W	F	I	I	B
A	E	X	B	P	A	Z	Y	X	W	X	V	F	I	Y	V	T	O	H
Q	H	X	J	O	S	T	A	S	I	S	S	P	R	U	N	G	E	N
G	N	C	U	E	U	S	T	R	A	N	D	G	U	T	R	J	N	L

17

HOLODECK
PREDATOR
XENOMORPH
TEMPONAUT
ZEITWELLEN PSI

MIKROZYKLOP
STASISSPRUNG
IONENKANONE
VIBRA BLASTER
RAUMZEIT STRANDGUT

Lösung

```
F K G C E E D J X F T J Z J H K V E N
L G U V Z L H P L W L E N O M K J H L
O T J F E N H Y T W I N L M Y F V S B
D T A J D I H E G T H O L P B B P F Q
L C V S O O M G W D D P M V H H T S P
Y H T E N P R E R E N O S L R S C K U
O B U A O L L P C R R B E I R Q X A E
F U F N Q L W K H I K Y W J C M F E M
J C A Y E Y W O P R P H M Y C A W I E
U U S N J F Y D E N I I V Z G J K Z T
T H G G V R E S K O J Q A O Z R A N B
V Q N B Z R L N R N M T V Z O P U T Z
B D X G E H L V O K R Z X Z T T R G A
Y X R G A V Y Y O N W E Y X I Y H Y G
C C S L R I Y M V F A K T E F P X Z H
K W Z W O B L Z T F L K Z S R O R S Q
B P A Z T R Z R C O D M N O A G O V X
W Q W K A A A Q P H U D M E I L B L A
I P T J D Z V D Z A F O S G N H B S P
Q H P X E T S T R L N P X B V O C K J
L L A I R F D P V E O U L G W F I I B
A E X B P A Z Y X W X V F I Y V T O H
Q H X J O S T A S I S S P R U N G E N
G N C U E U S T R A N D G U T R J N L
```

```
I E S C M K A G A N P V T H B R F G I
G W Q L Q W J M Q U N B L W D N F J P
D I N T E R N A U T I K M M R O P N V
B J E V K B M Y A Q D H K C O L P N X
Z L H U Y Q B T M W D A N Z T S F F K
W E M P Z S D A U X L B C B A A H K R
P V B F X K A P E P P I H C R Y X L Z
O O D Y K E M K N J T T Q S E K P D S
U Z D N Y L Z S R L U A R T N P A O Q
X A S W A E Z K E B B T E E E Q R J J
X J Z H T T N T G A K F R G T A B E
G B O D Q T T V I A C U L R S N L V U
U A D I V G R E E K R P E A T A Y W H
I W B P V O I A L Y G P K F E K S P I
S T S S Q L I R G G R E T O A I A P S
D K K K L E Z V R N T L O R T L T D F
O Z K F H M A W E R F Z R M I P O F N
H W A Z O X R V Z S W F Z I L E R K K
J U H A G T Q A N H G W O N A R R X M
W Y N J Q G U K A Y H O N G E R U L P
W A F B A U O B P O A N E J R R R S A
I D W J H I N H W E B I I N O N N D K
L G G Y J G X W O M O V R K Q D R G Q
V R C L D G N L R D K Y P Y Q W P V S
```

ZARQUON
REPLIKANT
PARALYSATOR
HABITATKUPPEL
REFLEKTORZONE

INTERNAUTIK
TERRAFORMING
SKELETTGOLEM
PANZERGLEITER
REALITAETSGENERATOR

Lösung

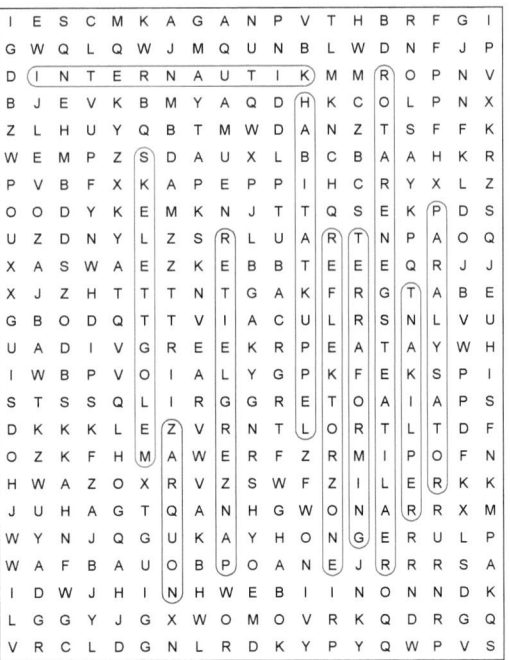

```
I E S C M K A G A N P V T H B R F G I
G W Q L Q W J M Q U N B L W D N F J P
D I N T E R N A U T I K M M R O P N V
B J E V K B M Y A Q D H K C O L P N X
Z L H U Y Q B T M W D A N Z T S F F K
W E M P Z S D A U X L B C B A A H K R
P V B F X K A P E P P I H C R Y X L Z
O O D Y K E M K N J T T Q S E K P D S
U Z D N Y L Z S R L U A R T N P A O Q
X A S W A E Z K E B B T E E E Q R J J
X J Z H T T T N T G A K F R G T A B E
G B O D Q T T V I A C U L R S N L V U
U A D I V G R E E K R P E A T A Y W H
I W B P V O I A L Y G P K F E K S P I
S T S S Q L I R G G R E T O A I A P S
D K K K L E Z V R N T L O R T L T D F
O Z K F H M A W E R F Z R M I P O F N
H W A Z O X R V Z S W F Z I L E R K K
J U H A G T Q A N H G W O N A R R X M
W Y N J Q G U K A Y H O N G E R U L P
W A F B A U O B P O A N E J R R R S A
I D W J H I N H W E B I I N O N N D K
L G G Y J G X W O M O V R K Q D R G Q
V R C L D G N L R D K Y P Y Q W P V S
```

DAS

HORROR

WORTSUCHRÄTSEL BUCH

```
U B K N F Q L D N R E W D V T B W T I
M S P N K T I S Q E D S J P I Y H T O
Z O M E R W A R T E T C W N Z C W R T
R X R E C T E T F I G R E V A E R H V
M L E D V K X U X P I T K N S D N N D
Y I G H E S V F D U I O R E E J E E H
M Q J V H B Q X Y K R E N X E J A R Z
M Q Q F C M Q Q W U T M C M R T Z W Q
U T J L I D Y E C T B U B B N L U D Q
W Z C T L H V J I B E J N Y Y E M X U
T H V I M O J M J E S I O F F K E M T
G S N Y I E I I I U D N V S V C H Q U
T R Y E E L T H F I M K Y M J E R M R
N N W Y H L J B T Y L Z G O R U K X B
Y B R I N E X Q R W N X P H J T O D N
H M J J U N G M J E Z V U Z F S E E E
U X C D I F O U T N T S V C I R P A L
T O P X F E X Z V V C L H A H E F U L
P S X M D U E J B H D E U L L Z I F E
A Z A D C E V I E E G D T K X S G R O
M S V S O R J N D N D E R F K P E M H
U O Y G G N U R E M M E A D F O G N H
G K N E H C I D X O B F X Q D J G X Q
D P E S T H E X E N K E Z R K W R H
```

1

UNHEIMLICHE WESEN DIE UMHERHUSCHEN
ZERSTUECKELT IN DER DAEMMERUNG
OKKULTER MORD UM MITTERNACHT
HOELLENFEUER ERWARTET DICH
VERGIFTET VON DER PESTHEXE
MEHRKOEPFIGE HOELLENBRUT

O	G	H	J	C	H	I	B	K	F	E	P	O	V	B	J	X	X	K
G	E	F	K	J	I	J	B	E	B	A	A	V	D	Z	T	X	V	L
I	N	O	V	C	M	D	I	O	E	Y	E	J	M	I	H	K	M	T
E	J	V	C	I	P	B	C	P	P	R	W	Q	B	N	O	D	R	R
K	E	N	C	M	U	Q	L	O	S	U	Y	Y	N	N	N	P	G	X
Z	Z	H	Q	S	M	A	G	U	N	K	K	O	E	U	S	G	N	S
B	I	Z	E	D	U	G	N	W	A	J	V	Z	L	W	I	G	E	O
B	M	D	G	I	G	K	U	M	W	N	D	H	W	Z	A	U	S	E
Z	O	M	B	I	E	S	G	R	P	E	C	D	I	C	H	M	S	G
C	H	Z	R	N	L	M	Y	A	X	S	R	V	S	P	I	Z	E	E
I	H	J	G	K	O	W	R	O	N	S	N	C	H	H	X	I	R	I
W	I	L	D	E	N	Z	M	E	X	I	L	I	K	P	Q	N	F	S
O	V	O	N	A	R	T	L	K	P	R	L	H	N	I	F	G	E	T
K	G	P	J	V	G	L	U	T	Z	E	G	E	G	B	Q	E	G	E
H	I	D	L	N	E	H	X	T	I	G	R	G	K	F	W	L	O	R
A	X	F	A	O	H	T	A	N	R	E	I	O	G	D	M	T	E	A
K	B	P	H	M	R	S	J	B	I	Z	Q	L	R	J	C	S	H	R
M	L	M	D	U	R	C	H	T	D	Y	U	Q	T	C	H	B	Z	M
A	Q	U	O	K	J	K	I	M	P	W	L	F	A	C	C	A	I	E
G	O	S	I	J	R	Z	Q	Q	I	X	E	A	A	T	Q	N	E	E
V	K	I	H	C	I	Y	M	Y	A	J	Y	G	P	U	Q	I	H	E
L	F	O	L	T	E	R	P	S	Y	C	H	O	P	A	T	H	T	I
Z	N	U	V	H	L	L	X	J	M	A	H	W	F	M	L	U	S	R
I	U	J	B	X	Q	H	I	N	R	I	C	H	T	U	N	G	M	F

2

HINRICHTUNG DURCH FOLTERPSYCHOPATH
HOELLENSCHLUND ZIEHT DICH HINAB
VON GEISTERARMEE UMZINGELT
VON WILDEN TIEREN GERISSEN
GEFRESSEN VON ZOMBIES
IM SUMPF VERSUNKEN

```
U  K  X  R  P  Q  R  S  B  V  E  R  B  L  U  T  E  N  W
I  V  S  V  W  K  A  A  T  J  H  C  R  U  D  X  T  L  D
A  F  S  G  H  U  N  U  S  P  A  X  G  E  H  L  S  E  A
K  O  O  Q  V  F  G  F  N  O  C  F  J  U  T  A  I  B  B
P  V  L  J  R  J  J  S  L  P  U  X  M  G  T  M  B  E  D
U  I  H  J  M  A  R  K  F  A  N  I  H  Z  X  E  O  N  N
R  G  C  X  N  J  T  I  H  W  E  X  N  N  Z  J  S  R  U
I  J  S  R  W  S  Z  W  A  R  D  P  A  H  A  C  M  S  F
S  Y  R  M  L  K  Z  U  T  F  N  Y  R  L  Q  H  I  K  G
P  A  O  A  Z  E  O  N  M  V  S  E  Q  N  C  D  O  E  U
Y  U  R  X  A  Y  D  O  Z  I  R  R  E  I  K  N  I  H  T
T  G  R  J  Y  S  T  E  R  B  E  N  D  Y  H  M  Q  G  U
P  C  O  K  N  V  Z  F  R  L  E  T  B  U  R  X  W  D  P
X  I  H  Q  T  P  N  R  E  J  K  F  Y  F  C  P  M  H  R
M  H  H  J  D  U  T  O  D  E  S  S  C  H  R  E  I  N  B
J  E  S  J  V  M  R  J  A  T  G  K  S  Q  K  I  C  A  W
R  Q  A  U  Q  T  H  M  D  I  B  G  J  D  F  T  X  C  J
D  G  B  M  D  J  T  A  J  E  K  D  F  Y  Q  K  F  H  T
U  E  K  E  E  N  Q  G  X  N  D  B  E  F  G  C  A  T  Q
R  L  A  Z  X  I  W  H  T  I  I  H  Y  M  W  E  W  F  I
C  L  D  I  W  U  D  N  K  E  S  V  K  H  O  W  T  E  L
H  T  I  N  W  V  B  K  A  W  F  O  D  K  N  R  R  S  U
R  T  G  I  T  S  G  N  E  A  E  G  T  O  D  E  Z  X  A
Y  Q  L  H  Y  B  Y  P  E  S  T  A  C  K  E  R  G  H  X
```

EXHUMIERT UND ZUM LEBEN ERWECKT
TODESSCHREI GELLT DURCH DIE NACHT
HORRORSCHLOSS LAEDT DICH EIN
STERBEND AUF DEM PESTACKER
BIS AUFS MARK GEAENGSTIGT
TOD DURCH VERBLUTEN

S	O	Z	U	X	J	F	K	N	K	L	R	V	J	Z	F	E	Y	D
L	D	K	A	N	G	S	T	A	E	Q	Y	N	M	L	E	A	L	N
Z	P	T	Q	T	C	G	Z	Y	U	S	P	D	I	X	J	T	Z	E
K	O	E	P	E	R	T	E	I	L	E	O	Q	T	Y	C	V	X	T
S	P	E	I	O	W	O	T	R	D	X	S	L	M	P	D	X	F	L
P	U	F	X	A	W	P	V	U	Q	J	P	O	F	O	J	P	Y	A
M	N	E	B	E	I	R	T	E	G	X	R	K	L	P	N	I	Y	T
U	L	T	K	C	R	L	O	S	P	D	O	W	B	M	O	O	G	S
J	E	T	T	E	A	T	S	T	H	C	A	L	H	C	S	K	V	E
F	E	V	D	V	J	K	O	D	T	O	L	A	Z	C	Q	U	W	G
V	Q	P	U	M	Z	I	N	G	E	L	T	V	O	G	F	U	P	R
Z	G	N	U	V	Q	T	L	V	L	C	C	C	O	T	S	V	F	E
Q	I	F	W	U	W	H	N	O	N	R	N	D	K	R	T	A	N	U
I	F	U	A	O	L	Z	B	M	J	X	Z	C	O	E	C	M	R	A
C	Y	H	O	R	R	O	R	B	U	R	G	M	B	G	J	P	W	H
B	U	F	V	I	Q	D	B	L	U	T	I	G	E	A	D	I	J	C
Z	E	L	H	A	R	T	S	T	U	L	B	D	Y	L	K	R	M	S
N	M	E	U	C	H	E	L	M	O	E	R	D	E	R	Z	T	U	C
B	X	R	F	B	Y	B	R	C	X	M	Y	B	E	W	T	R	R	B
Z	U	I	D	M	W	G	B	W	A	H	N	S	I	N	N	E	U	R
P	I	P	L	Y	O	T	X	K	G	B	L	B	I	C	T	F	M	I
X	T	E	D	I	E	W	E	G	S	U	A	H	C	L	C	F	P	N
X	E	Z	F	T	W	F	Y	H	J	B	F	E	S	U	A	E	F	A
F	T	Y	I	G	B	N	Z	C	K	A	F	U	A	X	U	N	U	P

BLUTIGE KOEPERTEILE AUF SCHLACHTSTAETTE
VOR ANGST IN DEN WAHNSINN GETRIEBEN
AUSGEWEIDET VOM MEUCHELMOERDER
VON SCHAUERGESTALTEN UMZINGELT
BLUTSTRAHL AUS KOPFLOSEN RUMPF
VAMPIRTREFFEN AUF HORRORBURG

K	D	E	R	G	A	M	H	N	N	P	U	U	N	I	P	L	J	N
Z	D	V	J	P	R	W	I	U	F	T	E	F	L	U	E	C	H	E
J	M	J	G	K	S	T	S	A	B	Q	B	P	G	H	A	A	U	I
R	L	B	F	Z	P	X	S	G	L	W	E	T	V	P	R	H	E	S
F	Z	Y	Z	E	E	L	L	E	O	H	R	W	Q	I	A	M	D	T
K	W	J	L	G	L	L	J	D	Z	K	A	U	O	I	T	G	N	E
F	O	F	K	N	A	B	T	H	C	A	L	H	C	S	L	Y	E	I
K	C	S	G	I	O	U	U	K	S	X	L	Q	D	L	A	A	G	K
X	J	U	E	M	G	Q	C	I	Q	B	F	J	W	X	T	U	N	J
M	T	L	A	N	W	D	C	T	O	L	E	I	B	S	U	F	I	V
G	E	D	T	Z	T	H	M	O	K	U	N	V	K	U	L	H	R	B
L	T	R	R	U	V	Z	Q	N	E	T	R	O	F	P	B	E	B	Y
E	T	R	U	S	E	R	X	R	H	T	T	W	V	L	Y	R	T	T
S	E	I	Q	P	G	K	X	R	G	R	R	V	R	Z	P	S	O	R
N	K	F	U	J	N	R	E	F	A	I	Y	H	U	O	P	C	T	Y
G	E	O	P	F	E	R	T	H	U	E	P	F	K	F	M	H	V	R
A	G	I	V	E	I	W	I	Q	E	F	A	X	X	F	D	L	S	R
B	N	T	C	Y	D	N	Q	Y	B	E	F	J	A	E	M	E	L	E
M	A	U	V	R	T	E	P	I	H	N	B	B	X	N	Y	I	Q	V
F	T	B	E	E	Z	N	R	M	E	D	C	T	T	F	N	F	R	M
X	R	M	R	J	J	N	O	S	T	E	H	E	N	T	Y	E	X	H
Y	K	N	O	C	H	E	N	H	U	E	G	E	L	F	H	N	V	J
T	U	T	J	Z	M	Z	T	J	K	A	U	F	W	D	R	D	P	O
Y	C	H	V	N	X	X	G	P	Q	K	W	I	P	D	B	O	G	Q

5

BLUTTRIEFENDE AXT HINTER SICH HERSCHLEIFEND
ANGEKETTET AUF DER SCHLACHTBANK
PFORTEN DER HOELLE STEHEN OFFEN
KNOCHENHUEGEL UEBERALL
GEOPFERT AUF BLUTALTAR
TOTBRINGENDE FLUECHE

C	W	C	J	A	P	T	F	J	L	S	R	Y	E	D	V	S	W	F
T	C	S	S	C	H	W	A	R	Z	E	R	K	T	O	A	C	U	V
Z	H	H	R	R	P	T	Z	O	R	Q	R	R	N	Q	E	H	G	A
F	S	C	H	L	A	F	Z	I	M	M	E	R	D	X	G	L	N	M
E	M	I	T	T	E	M	B	H	Q	G	C	T	H	K	N	A	U	P
R	L	D	W	N	C	P	I	S	H	N	D	E	T	A	N	E	N	I
V	I	R	M	E	X	M	Q	G	Q	H	Z	Y	M	X	X	C	I	R
X	U	E	P	G	X	O	M	O	V	I	V	E	I	M	C	H	E	M
R	A	C	L	A	I	S	N	N	I	S	N	H	A	W	I	T	H	A
F	T	U	W	L	H	N	B	R	C	Q	S	C	Q	Y	N	E	C	L
V	C	N	P	H	I	U	I	A	V	E	A	R	R	J	B	R	S	E
G	G	E	X	C	C	T	U	E	A	V	F	D	F	A	E	X	R	N
G	R	U	K	S	T	F	S	W	T	N	C	U	Q	B	I	L	E	N
Q	G	F	K	R	U	Z	F	N	B	S	X	R	U	W	E	W	R	U
E	Q	B	J	E	H	V	Z	W	E	N	B	E	J	I	N	N	E	T
U	U	S	K	N	N	H	N	I	X	T	B	A	C	L	P	L	T	L
Y	Y	M	I	O	E	P	G	Z	M	E	O	H	R	I	T	Y	S	X
Q	N	Z	T	H	X	M	J	I	R	M	E	T	Z	G	S	I	I	Z
I	M	G	X	A	E	I	W	S	E	N	N	N	O	A	D	M	E	Q
W	W	N	K	W	H	H	A	N	B	E	T	U	Z	O	Y	F	G	X
Z	G	A	X	X	X	E	I	E	L	U	Q	E	O	L	K	P	M	Y
U	N	R	L	R	H	E	R	X	R	G	P	C	V	G	V	M	H	X
W	T	Q	G	T	D	G	E	Z	E	V	S	L	D	E	S	P	P	F
D	B	V	R	P	X	M	E	X	U	D	P	U	S	O	U	T	C	G

6

GEISTERERSCHEINUNG IM SCHLAFZIMMER
SCHWARZER HEXENHUT DES WAHNSINNS
TOTENSTILLE AUF LEICHENBERG
ERSCHLAGEN VOM SCHLAECHTER
GRABSTEIN MIT DEINEM NAMEN
VON VAMPIRMALEN UEBERSAEHT

```
N G D X O X E Q Z V N W M P H R Z V D
E X D W P D I X D R A X V H V Q C H M
S M F Q H Z O G F D B H N P U R A S N
E C N X E E Z U E I B E I M F A A F E
W H E O T R I J I W M J Q S R O M O G
N K R T Y W J T Q W J K J C O I D Z N
E F S O Z U H A K C T Z V H X E V M A
T L G D W E T M M Q K A A C F N K F
T E A E H R C A I M S X V U C X S C R
A D H S C G D P X Q M N I D S C T I E
H E R T R T V X O P U R A E K J Q L V
C R O E U G S A O Z A U A R O Y B B Q
S M T R D V F A L L F U X T Z A L R M
K A K M Z G I C S G G K U A J E C O Z
K U O I V J O B E E L N X T B I Y R E
Z S D N O K U S N T U G A E J H N R T
P B T R M D C Y E J M R N K U H I O O
W O S M U H D T M X O N R T W H J H T
L S E H L P U Q P Q E C B H P H W Q X
H G P I W L Z D D G S V P B I B K B K
S P T D B M T I R N K I D C F G N T X
T Z H R M A M O W K J N P T J M S R J
T T E A C I M I I H O C G H X A N I J
A V Y M K M Q Z L N F K Z D A W R H F
```

DURCH SCHATTENWESEN ERWUERGT
FLEDERMAUS IM HAAR VERFANGEN
SCHAUDERTAT IM MORGENNEBEL
TODESTERMIN BEIM PESTDOKTOR
HORRORBLICK IN TOTE AUGEN
AUFGESCHLITZT VERBLUTET

```
N Z N L O N T R G E S T A L T E N D T
E Z E G O E E H C I E L Q M K O I M O
K W U X E P E S T O P F E R S C T P W
A G Z T G B Z R Z M L Y V L H Y L P L
H J Z L A Y L N X C M O P G O P I S A
R I R O I D U E X S I X L Z D I E S M
E H G R J N F L N F H E Y P Q C T T K
H Y J G C E G L G D K W H C W U R D H
C O K Q O G K A E F E X C N A A E R A
S M Z F R N J F Q Q Y T U P G S I E U
I G O S O E X R A K H M A F D E V F F
E N J U T A J E S L M P H B U A E U G
L F O V N H X B Z G F A S S E B G W E
F O K N E F K E R E Q B E R I M N L S
U S U E L J V U G E W H D T F R H X T
Z V D G L Y E D N E G G O X A O E O O
S T Y I E O U W E C C U T Y N I T D S
L M E R O S G R U S E G A E Z Z D B S
N C I U H O N E X S K G U S M S R P E
L Z S A Q T J D M J R I X Y T U E Z N
R N R H W A S Q N P H E G G Z U X V E
K F N C K U E O E U I B K W N T L S S
C T G S H R O B M Z I X N W V I N B C
C N E U W L F S G R U B T K L S A D F
```

 8

LEICHE AM FLEISCHERHAKEN HAENGEND
BURG DER SCHAURIGEN GESTALTEN
BLUTSAUGER UEBERFALLEN DICH
TODESHAUCH DES PESTOPFERS
AUFGESTOSSENES HOELLENTOR
GEBLENDET UND GEVIERTEILT

```
V K A E X P X S X O U S E P K R A S Q
J A K S R D S L B S R W G S H Y P J J
X X J C F D F M H G R X Z A I N D E N
O Y Q E O U F L C K S G L T S M O V G
Y L X B A P R Q M L N L O R F U E R P
X B L L Z P K N N I T A S D B N G O Z
P W F E C V O M E I T L R C N J K E R
K E M O R N L Y R H E T A T M I R W N
E C C W E E Q D R R C G E E T S B E H
U Q E E K T S I I N P Z N R T F S O J
U I B G C R E L Q L Q S U U N S I P K
S C Y N A E E T K D C I E E O A N G N
Z J W E T I D J L H K C Y L A I C D R
Z X X H U L R B E A K Q H Z U K U H H
A W Z C L O A N B E T C L N E R R P T
P T Q I B P K E L O S S F F C T L J U
U Z A E H N J T B E N P N H W O A P Q
X R I L O Q I A G Y O L U U V T M W S
A A S C R C S N H M A D K I R E M M Q
U G H M U K I E M Q F B R N A E M X R
U E D N M E F N I M C W N E A C V A Y
N R F E F V F O K T Q H M K F L N C L
G N N U H H B C C R K U S K Q P B O R
Y P Z E D N F W X R X P B Y Y B O G B
```

9

KAEUZCHENRUF HALLT UM MITTERNACHT
EINGESCHLOSSEN IM LEICHENGEWOELBE
BLANK POLIERTE MENSCHENKNOCHEN
NEUE OPFER FUER DEN BLUTACKER
VERUNSTALTET DURCH GIFTTRANK
ZERSTUECKELT VOM IRREN ARZT

B	E	S	B	R	I	N	G	T	F	E	H	C	I	L	D	E	O	T
F	T	R	U	E	B	E	R	A	L	L	M	V	T	A	D	I	C	H
B	L	U	T	B	E	S	C	H	M	I	E	R	T	E	B	O	S	E
S	K	M	H	O	E	L	L	E	N	G	E	S	I	N	D	E	L	S
P	A	H	J	L	T	Q	O	N	X	K	I	W	I	O	L	F	T	K
I	M	B	B	M	J	P	Z	G	U	G	Z	T	E	H	I	L	I	P
N	W	C	T	G	F	X	E	Z	R	A	W	H	C	S	Z	X	S	F
N	D	I	I	X	K	T	F	W	I	P	G	E	V	U	A	V	Y	E
E	O	S	W	V	Y	E	G	V	A	R	G	E	J	T	D	G	B	R
N	T	N	V	O	I	I	J	S	Y	E	F	B	X	H	L	F	G	P
N	K	H	N	T	K	C	I	L	B	R	E	A	V	X	A	V	J	G
E	V	A	M	P	I	R	Z	A	E	H	N	E	F	O	P	T	Q	T
T	E	T	H	C	A	L	H	C	S	E	G	N	I	H	N	O	L	R
Z	T	P	H	E	S	P	O	W	P	V	O	F	F	A	Y	E	U	F
E	V	O	M	I	A	T	V	T	E	E	C	Z	G	W	D	T	W	W
V	C	P	I	X	V	K	R	X	X	L	W	E	G	U	O	Y	H	Z
T	Q	E	E	N	Q	P	C	U	U	D	H	N	S	H	L	G	F	C
N	T	U	U	L	Y	W	F	C	R	O	D	E	Q	L	X	S	L	E
E	I	K	G	J	J	P	G	P	B	A	B	T	K	D	N	X	L	O
F	M	I	T	U	L	B	U	E	A	T	I	O	M	Q	E	K	H	E
K	H	Y	F	G	J	A	N	P	U	P	R	T	P	G	S	M	C	P
P	B	C	G	J	D	E	C	L	P	U	L	N	T	M	N	F	Q	L
D	A	P	K	P	R	B	B	U	J	H	Z	U	I	V	E	J	V	L
H	N	M	C	M	P	Z	E	G	J	K	A	T	Z	E	D	M	W	O

HOELLENGESINDEL HAT DICH ERBLICKT

TOEDLICHE SPINNENNETZE UEBERALL

BLUTBESUDELT MIT GEHOBENER AXT

SCHWARZE KATZE BRINGT DEN TOD

BLUTBESCHMIERTE VAMPIRZAEHNE

HINGESCHLACHTET VON UNTOTEN

```
H H G C N V T R E Z G Y C F B Z P D C
N F U V U L T N X J T S I Y S S Y K R
X U Q I N F E B D I L C I L U N R D X
D E Y W Y D L I P M J H W L F E P S I
Z P R U J H R I F D J L I Y I I U M Y
G E S C H A E N D E T A X S E T D N I
G R R F K M K W C R M E T L H G E E S
M E F Z H H T R Y U O G M E L N H T D
C B T R Q H I U P S N T V B K D C T J
R E V L T I W T S L S N Z E L P U I K
S U X E E R I Q S R T U D N R G A N T
T B U G O T Q Y E L E O H S N R H H V
V C Q O I Q N E I K R S L G E Q T C D
L Z X V L X K Y L L Y G Z R S N F S X
X J E N R L I D R V S V G U S E U E R
B A L E G R U G E V C P D S E G R G E
B O L H P I N Y V O U I H S G E G H T
H H E C G O B H G M R F P M R G T C Z
L I J I A W Q B R Y F W G U E T L R T
H G D E Q R O X U B U I O Q V N L U E
Y E J L T N N F B I S H L S W E L D L
S M H Z R K S T Y Y W V Y Z A W W U U
T Z M D U G B N E T S U H T U L B T F
C B Y N U C W Y A J E O J I T Q I F O
```

BLUTHUSTEN IST LETZTER LEBENSGRUSS
GRUFTHAUCH SCHLAEGT DIR ENTGEGEN
LEICHENVOGEL KREIST UEBER DIR
VERGESSEN IM BURGVERLIESS
GURGEL DURCHGESCHNITTEN
GESCHAENDET VOM MONSTER

```
I  L  Y  I  S  E  Z  A  E  F  Q  K  T  H  K  O  O  L  Q
T  H  C  I  N  K  S  R  I  D  G  C  N  E  M  Y  C  A  B
Q  E  R  W  E  C  K  T  H  V  V  I  F  T  Q  D  U  E  N
I  M  S  E  J  R  X  K  P  H  E  L  E  R  W  N  V  S  O
G  A  C  M  A  E  P  X  X  L  R  B  N  H  D  I  K  S  P
V  A  H  P  M  K  U  U  W  E  J  N  U  H  K  W  T  T  B
E  H  A  G  M  C  P  O  Q  Q  P  A  S  C  J  N  H  U  O
R  F  U  J  E  A  N  T  C  L  M  U  L  U  E  E  C  F  L
B  K  R  F  R  N  E  Y  M  T  Y  N  S  R  Q  L  E  L  Y
R  W  I  W  N  E  F  S  L  S  T  C  D  B  H  L  U  B  H
E  V  G  P  G  T  L  S  S  N  C  V  W  S  C  E  Z  A  I
N  H  E  F  H  O  E  H  C  R  U  D  A  U  U  O  E  I  C
N  W  R  W  O  T  H  F  W  Z  N  K  O  A  Q  H  G  E  S
T  A  D  N  E  K  N  W  K  K  O  E  J  T  L  P  N  G  Y
E  V  Y  P  L  Q  E  Z  Y  M  Y  Z  H  S  V  G  E  X  A
M  A  F  I  L  V  R  L  W  D  K  W  Z  E  T  W  N  W  G
C  F  G  F  E  M  R  J  N  D  N  U  L  P  L  L  O  S  L
T  C  V  D  N  S  A  H  X  A  M  E  M  J  P  F  M  C  E
I  K  I  P  H  E  T  X  D  L  P  L  B  U  T  Z  E  W  X
E  C  L  U  I  I  S  D  Q  I  J  P  E  E  A  Q  A  O  U
H  O  W  U  T  B  R  D  Y  O  B  B  D  T  L  N  D  L  K
G  M  H  W  Z  M  E  Q  S  U  E  P  K  O  K  D  Z  X  U
D  Q  L  V  E  O  J  U  X  R  F  F  T  E  M  B  U  X  Q
Z  S  K  R  J  Z  I  M  F  J  K  V  N  O  Z  V  L  F  X
```

12

DAEMONENGEZUECHT ZUM LEBEN ERWECKT
JAMMERN UND FLEHEN HELFEN DIR NICHT
SCHAURIGER ANBLICK LAESST ERSTARREN
ZOMBIES WANKEN UEBER TOTENACKER
PESTAUSBRUCH DURCH HOELLENWIND
HOELLENHITZE VERBRENNT DICH

```
N L W C K V N U U X F B S T F D O L M
N U Z Z N Q E Q L Q A C M P Z V B A M
V J O J M L T G F M R L F V X Y A Y E
O D E V T M B B I K U E N D I G T H X
G B R L N E D S P R I V F L D Q C P V
E H G U W W T V A I U P K H Q I C E R
D T R L T O T P M Q F A U I E C R A S
N Y U A S B R T G I E Z H L X B D Q P
U D H S B V E R B Q Q V I C R R T D K
T B E R O E D B Q A B L Q A S D S T N
S N L E Z B N K T D Z L N V I F T E O
R G O V M G Q G B H R N V R M C F N S
E I S O N F R Q E U T E S U Z O Z H Q
T D E H E T U L I K R S V L E M N E Y
S N N S G G V A P M R U Y R A D E A Z
I E E P L C O S O Q W A R I W H R Z Q
E B N C O D S D N T Q Q E C U G U R W
G E I R F Q E U A Y O Y E C N I G I K
S L E Z C R E B P W P Z L N H N I P H
O E D F T F Q A Y K E O Q L E Z F M Y
D K E E Q Q D B I D M B W Q I M E A J
I T A L Z X D L T Y E B L Q L J D V I
C O A I E F G W Y M S L S C R E F Z R
H Y R D Y N S S M I N K V B L N O T Y
```

13

VAMPIRZAEHNE STOSSEN IN DEINEN HALS
GEISTERSTUNDE DER RUHELOSEN SEELEN
VERMODERTE LEICHE ZEIGT AUF DICH
RABENGEKRAECHZE KUENDIGT UNHEIL
SCHAURIGE FIGUREN FOLGEN DIR
LEBENDIG IM OFEN VERBRANNT

```
E R X O W C S N B A D E J W A P T O P
S R B E S T I E N P Y M Y N V V G C B
F G K J X R I F M Z S J E O E P R F K
M Z X W E C B J F Y L U R G C Q E I C
J W G P U Z E L O T B A E A X J U L N
G T W J T S M O U V Q S L Q C Z E T A
Z F T T K R U U W T S A A W Q D L H M
K W T Q S E L U T E Q U E U P E M C X
J J Z T F G B L N K N L N A M A A U L
O A R U R I E N D N L K T Z T H L A
Q J E T L L O I F W A E D F B C L H U
R N U E X E R C H H I P B W F C Z C E
Q L T I X S R H A L N C R E L O E S R
A K S O F U O E D A S C G F L V I P T
L M E X T R H N Y T B W I H L J T F F
H U G V R G I F T B V R G B K Y H U T
R F L U E U I E S J P D Z M V N C A I
M T F R T B Y L D Y K Q A E E S U H O
V H I C T R O D W T W N Z R R L S X Q
O C Z D E V C I C N I G G Y P R E H O
W R V F U N T K R K M M V G M V B D V
P W C C F X D E M P D N N U S N K Y X
E C N A E S D A M H Q G A R U E N I G
A D R U G H O E L L E N A N G S T M Y
```

14

VOR HOELLENANGST IN SCHLUCHT GESTUERZT

HORRORBLUME MIT BLUT GEFUETTERT

AUF DEM LEICHENFELD VEGESSEN

GRUSELIGER BESUCH BEI SEANCE

DAS GARUEN LAUERT IM NEBEL

GREUELMAHLZEIT DER BESTIEN

```
Q C K T G T T F F E I D B C X M I J S
H F U B F Y E P F V O D S Z E V K N I
U E X Y M P Q U T B B N R D J H P G N
S E T L E H C U E M E G U N J Y E W L
J A W G K T A L Z T C R A E O H Z N U
E C G F R J M U E U H O A K X V U W E
T T V T H M X B I X B M P T J A Y K A
S F Q B F I S U W D M O T F Q M S Z F
H S E G A I X D M B N R F H A P A J D
H U R D R Q G W Y X R D L O D I T P U
B M I P F R D J Y E L N U D S R Y J G
K Z P V R P E N I J S A E X C E Q R E
S I Y I W U H A O Y T C S K H N A U E
Z N L M W U C R X V O H T W R B A D J
D G Y A Q E R N D O T T E U E J N V M
I E V A K B U P A K E W R L C E C R P
F L W X Q E D M P I N N S E K K J X E
X T R X O R V S I F B Y T N H H L B T
L F Q A G A Q O G H L L I H Q M S N S
M Y C H N L Y H U B E V M O B M J U Q
C H O Z X L V J A M I I M W K S K J A
A T C I E X X Y K P C X E V M S T T B
V I O H N T O R H D H F F O Z N R B Q
N P J R U A T S A G X X F R P F N P M
```

DURCH GIFTGAS GEMEUCHELT
TOTENBLEICH VOR SCHRECK
FLUESTERSTIMME AUS GRAB
VON VAMPIREN UMZINGELT
MORDNACHT OHNE ENDE
FAEULNIS UEBERALL

N	Y	H	W	N	L	I	D	B	J	U	R	N	R	K	O	N	M	I
E	O	C	T	H	E	G	C	N	G	V	B	K	D	Q	P	E	F	T
F	B	F	M	O	U	N	V	L	G	T	Q	E	J	W	D	C	E	Z
U	W	Y	K	S	Q	Z	D	P	P	R	J	L	I	G	Z	N	X	W
A	I	I	B	L	S	E	N	S	E	N	M	A	N	N	E	W	A	W
H	N	E	Q	L	Y	E	F	G	E	M	S	L	D	P	F	N	B	U
R	H	N	U	P	S	J	U	I	K	A	X	Q	M	W	Z	M	H	
E	D	T	F	O	L	Y	U	E	E	D	N	O	M	L	L	O	V	R
T	C	F	N	K	A	I	F	L	B	G	T	D	O	T	S	B	G	J
I	N	E	P	H	T	X	E	F	S	N	E	H	C	U	S	N	R	B
E	C	S	L	L	L	T	A	K	O	D	S	G	J	C	N	E	B	L
H	G	S	D	W	T	P	E	W	J	A	S	X	Q	X	E	F	I	U
C	T	E	R	E	R	I	P	V	E	R	S	C	H	L	E	P	P	T
S	B	L	X	Z	L	G	R	S	F	K	T	O	A	U	O	W	K	B
W	T	N	E	F	U	R	E	W	J	O	K	H	C	J	Y	H	W	A
N	R	S	D	G	N	W	U	T	Y	M	Y	Z	C	T	L	G	A	D
O	G	D	C	T	T	F	K	L	O	M	X	I	M	A	X	H	N	E
E	E	N	B	U	Z	V	M	H	N	T	S	H	J	V	N	X	D	I
R	R	V	Y	O	J	E	A	E	D	P	N	M	Y	H	I	U	E	X
Z	F	I	R	E	X	A	U	F	U	N	Y	U	R	E	D	Q	L	C
I	J	J	O	R	L	F	W	V	E	R	W	A	N	D	L	U	N	G
O	C	Q	J	G	F	Y	S	D	F	R	T	Z	A	X	X	R	D	H
Y	G	D	U	D	F	Z	O	T	M	G	C	U	Y	L	V	B	E	D
H	Z	D	A	T	X	R	C	R	S	H	C	I	D	I	E	L	J	K

16

WANDELNDE SKELETTE SUCHEN DICH
TOD AUF DEM SCHEITERHAUFEN
UNTOTE ENTFESSELN BLUTBAD
VERSCHLEPPT IN DER NACHT
VERWANDLUNG BEI VOLLMOND
DER SENSENMANN KOMMT

```
V N X I O D F B W G E Z I U V O O U I
P E T U N N A E G U A U F N C M J D S
Y F Q Z A X Y B R U N Z W G W O T S K
Y P I A E K D A K T D A U Z P O N X N
E O J C P I T G R E U W R E T I D B W
G R H Y T F D G W Z B P A E F Z D Y D
N T J Z X P Z E E V R F N L V K B B J
A S V Q P K U E I K G K I V N P W D U
L T S H U V U P K E O E K C E K S A R
H U J U E C T B D E G E D L T Z H A M
C L N Q B H N D P E C K P V O M T G F
S B V E B F E F N R L O H F R A A K U
R M Q P L R E D L R K F I X T S M I X
O O N G H A E V N U V E R F O L G E N
R V M T K B U T G P M Z T D L S E A B
R N I Y R A N Q R E K N E H P C Z O V
O K W U R O V X N Z G B S R S W H O P
H T R E T I E T S E P U I J N F N D G
N H J Z V K U E T S L T H O R R R E O
F O L T E R U N G L Z L V E N S O C L
Z U K F K V G D T T W J E Q Q D F K V
P U E H S I X U W U Q U U O M L K E T
Z L V H G O C Q W H P D I C H G F X W
J I Z A P D U R C H T G H Y Y W P O O
```

17

FLIEGENDE TOTENKOEPFE VERFOLGEN DICH
HOELLENQUALEN DURCH FOLTERUNG
ERWUERGT VON HORRORSCHLANGE
BLUTSTROPFEN VON DER DECKE
PESTEITER SPRITZT INS AUGE
GEKOEPFT VOM ROTEN HENKER

```
G A N J G A Y R G J E Z X L W I W K A
W P I X H L I M U D A G N W I R D G D
N C J J A G F Y O X S N A G W Y E I U
M F E E U Z W O U H H H U J L I V U R
Y S Z G S G N S M V B T N X S O Z D C
I D A E M E Y Y T D W J O T R F M A H
N M G C T U W J C H V N E F R I O R K
X W X O B S F X V O E R A I A G B X A
K Q T Z N P F E T N T A E O M K M Z S
J A L J P N Q U I A C D S Q C E J T W
G V F J E U H J N J H G U R I B E P R
N O U X S H U Z Y O V V X G E R Z Q F
U G X R T G I A F D L Y E C B B E X D
H E M K B G R Z J W E N G E D R E R R
C L R N E M W Q C N E I N M T G I U W
U S S S U Z I U I N V S N R K T S L W
S C M E L Y Q T T U A V A E R H J X P
M H T T E R V U U N O E V E M A N I K
I E U C N D G X G X N W P V M K J H Z
E U L R H D L S E K T D R E F J Y L B
H C B Z K L T J T L B L W S M Q A C N
K H C Q K S N D Z G H E P G K P K H D
X E P J P K E V M A J L E B E N D E N
N G X N P R L E B E N D I G U X L R K
```

18

STERBENSANGST DURCH HEIMSUCHUNG
VOGELSCHEUCHE WIRD LEBENDIG
GEISTERTANZ VOR DEINEM HAUS
FRIEDHOF DER LEBENDEN TOTEN
UEBERSAEHT MIT PESTBEULEN
ERTRAENKT IM EIGENEN BLUT

```
L X X O A H P Y B E D M R I E L L W Z
J Q K A N R E D A S L U P X X I   S O
Z J U Z L P Z D G M U T F A P E R V B
C F Z N J J V T D S N O R Z K G E L T
Z V N G E H A E U T E T S O N E H E Q
O N E T O D E S M E T Z G E R N C I E
M W G J A I C K J I L H I V S D I C A
B V N I J M Q C D P K M I H N H L H U
I J A Z G D E M R M E I V M X P G E F
E D F U F N A M Q G O Q F O J E E N G
K S E F L E B E N D I G E N M S A G E
A O G V U B H H C S X P B V M T R E S
T F K H K X F F P O E D C U R K T S C
Z S H G O S I N D C G L M D A A R T H
E E A S L U T L J J Z S P D N R E A N
N W M L D P D W F C I D U E L R N N I
V D P N Y E N H N H R S N M M E U K T
U N B J G D X E X X Y I B L P N T V T
T C K I M U Z F C D E T F E J C Q T E
Z F Y U E U Q Q Q D Y L Z E I W N B N
Y M F G E L P D U V N X A X E C X K X
E E Q R O C D T K V C J T G R H B Q L
F K K Q V B I A K O F Q B J R U Z N K
N S F L I F Y O U C F D I C R A J V Y
```

ZOMBIEKATZEN KREUZEN DEINEN WEG
UNERTRAEGLICHER LEICHENGESTANK
BEI LEBENDIGEN LEIB GEHAEUTET
GEFANGEN VOM TODESMETZGER
LIEGEND AUF DEM PESTKARREN
PULSADERN AUFGESCHNITTEN

```
T N X V W J X T D D V O A A F T Z W S
R E U U U E S E A O P L U J V D E Z H
U D M T M V A Q E S F W G W Q D R I Z
C N O N P V X L M L A R Q X W Y F J P
W U V E I T T A O P T E Z O Q W E F U
C H Y S F F J W N K U F U H A X T J B
X N S S Q G Y O E H T R V R A D Z Z T
J E D O X U A H N I J M M X E I T S O
F L G T E B C V F L V F H C I B W K T
T L M S Q K B B U Q D V D D L W A U S
W E Z E S I N S E O U P B M W X A D C
O O I G Y B V W R A P W F E V O R J H
J H Q N B K A Y S Y O S R V D T M N L
U V U E B U E Q T Y N W C X W W F E A
P I U V E G K N O K O F J E A Z A S E
E B T V Z K F T O L T V A U Z V L S G
Q F G G F N G Q F R M T J E R T G I E
T L A E B U O V Y K K M C P S H L B R
K R J Z V N E U A R G T X Z E S W E P
X S E R X Z J N L X C T F R C P I G B
P M G V F D H B D J X G A I A X Z E L
T Z O H W J V E F I G A I N G T G E W
U M R D F O V C G U H N J M O V B D X
W R O T N I S A X M D O V L X B X B S
```

GIFTKRONE VOM DAEMONENFUERST
VON HOELLENHUNDEN ZERFETZT
GEJAGT VOM TOTSCHLAEGER
WEISSE HAARE VOR GRAUEN
INS SAEUREBAD GESTOSSEN
GEBISSEN VOM WERWOLF

```
L L N Z C Q J L J D I Y N A B L R E M
M C T S W V S U F M D W E C A J O U J
T A P M A W E I S T M T N W P Q M J O
R F M Q U D R K U X O Y I S G I Q T X
D U B O E S E N G T O S E U E W V N Z
P G I U G C O B E A M D B Y S D C E T
K R Z K P S N N X S C I E E D O M R Y
T A F Y Q E R Z F V D U G J W T Z H Y
M B O R D D U L X H G C J B U E O A B
O E B G M S L U H C Y R O R G S G E I
D S D R A N S Y K H J K M E F K C N V
N M A F A W X E O R P E D N W Y I G E
I O Z A D F S U A Q T N A I Y D D E R
Q D H Q J K Y E G T L U T Q C X S N W
O E O K W Q Q J E E S D Y X C E S W E
L R Y U C X O K D J A D A Y D G L I S
N G Y Q C H S N K R B V I X S R W T U
K N P U R L A I G E B Y J H F H L R N
Q G L V A W G A H D F G Y C U Z E T G
R Q W H L X I B P C U J O I K B E O S
C I V N C Q F S M L R F N E W U N V L
R Y I V O O P H M E Y U K R F E C K U
F N U L H C U R E G R E D O M C J G F
H W H A P H P E W O H M D E Z C B A T
```

21

VERWESUNGSLUFT AUS REICH DER TOTEN
GRABESMODER WEIST DEN WEG
MODERGERUCH DES BOESEN
HALSKETTE AUS GEBEINEN
TOD DURCH ERHAENGEN
WANDELNDE MUMIE

```
L U G B W P P S U C K Y O G N I T O K
M Z R V G R U F T Y C F U X Z X H B O
H S W O P Y V N K A U P O U Z O R V G
D R E F P E I B M O Z L V F E I T E D
E R S C H L A G E N F J P L M P M R H
W X D Z A U Z U O N X A L R J H Q S V
A X S T F T V V V M X E U L T I M C P
E D Q W D O Y X E Z N X D X P O X H T
L T N V N G F X K R F W W J N M Y A B
V G K Z E Z O E I E D P G D N R R R M
S X W C C F E T M S U E L I K V R R O
Z R X Z E Q T K V G J I R J Y E K T N
U S B N D D T S E K C Y Z V T D N E S
A A Z X U P E Q I H Y E J S E Z W T T
Q T T M V E U B T N T J N E S A Q C E
S L H L A A Z L T U D E Q Y C H W F R
X M O V E J X T M U P C Y T D S R F N
Q Y D L T Z N M A S L K D O Z A C X Y
L Y T R F K Z D E R M B K D C R S E R
I L O T P E T G Y T F H E R T X D P N
S I V Y J W L N J O P K Q F F B A A V
M L N W X L D S E K A W O E F Z Y P X
E Z K K D G Y U Q W V E C C E R K L U
J Y Q V D J A S Y G G K N R J F U Z S
```

22

HOELLENRITT AUF ZOMBIEPFERD
VERSCHARRT IN DER GRUFT
GESPENSTER IM MONDLICHT
VON MONSTERN GEQUAELT
BLUTBEDECKTE FRATZE
VOM FELS ERSCHLAGEN

```
T  S  C  T  T  E  D  J  Z  C  K  H  Y  Y  C  I  R  Q  S
R  O  F  F  A  Z  B  N  Q  K  C  B  Y  W  U  Q  J  T  G
C  T  D  B  W  T  E  M  S  R  M  I  P  V  T  A  T  K  C
I  C  J  V  C  X  N  K  U  Z  M  Y  V  Q  E  D  O  T  K
H  J  B  Q  C  U  W  D  N  U  F  V  R  Q  B  W  S  N  E
Q  C  P  L  P  N  T  E  F  F  W  Q  A  T  J  W  Q  Z  R
S  L  B  X  D  B  E  R  G  I  V  P  P  L  K  R  C  B  P
B  K  Q  A  E  E  T  O  D  L  V  N  H  X  Q  P  O  O  J
H  O  H  U  O  S  V  M  S  G  A  N  A  E  E  D  R  R  T
T  I  E  V  E  C  N  M  Z  G  I  U  E  U  E  A  W  J  O
V  M  G  S  L  H  M  B  H  N  B  G  F  S  T  M  Q  B  D
N  R  V  S  E  R  N  P  O  E  T  P  N  E  S  G  U  Z  E
G  M  C  H  L  E  E  E  O  U  S  H  F  U  N  I  F  T  S
C  V  R  I  L  I  P  S  H  B  N  O  R  N  G  D  B  P  A
M  P  L  G  N  B  Y  T  L  O  U  M  J  D  U  L  F  E  N
K  N  Y  X  J  L  Z  L  M  H  Q  N  Y  Z  Q  I  G  N  G
Z  E  X  M  G  I  D  U  X  F  M  Q  V  O  R  P  F  C  S
K  B  N  V  J  C  G  F  Y  B  H  E  Y  M  U  D  B  Y  T
D  A  G  U  O  H  X  T  D  O  N  T  C  A  D  U  W  L  B
W  H  I  E  A  E  Y  Y  J  D  L  R  R  S  P  N  Z  Q  D
X  X  J  X  O  S  N  E  L  L  O  W  G  R  A  U  E  N  Z
Y  S  O  O  C  C  I  O  V  M  S  B  C  V  N  F  H  Z  U
U  N  Y  R  Q  D  E  I  G  A  M  D  M  T  I  G  T  H  M
B  H  T  X  G  C  K  C  E  N  I  U  B  X  H  E  V  G  U
```

23

UNBESCHREIBLICHES GRAUEN
TOD DURCH PESTLUFT
WEGLAUFEN WOLLEN
TODESANGST HABEN
ZU TODE GEBISSEN
BOESE MAGIE

```
R V B O U T F K N B S D P Y F B Z H Z
I Q L C C N K A Q O D W T P I N M I P
P I A M Q G A L H C S M O R T S C C I
Z N H N U S A O W E J T C T I X N T L
G V F K T F K B T P W G E Q C H O U K
O R Y C W Q Z B X W R E U R A U F Y I
I H R U Y K W G R A U S A M B S O J P
N R A U D I H D I J K C S B B E J A L
G O M Y D O O L B H V R G U O H N U Y
V O R V Y N J X X E J F E O F P V G K
M L V W N I J G R J E A L U Z V E W I
N N L J J K X D R B T R T X T C W J D
N K C E X B E R E P P I R E G Z B D N
A Z D Z C R L G J U U Y T O K Q G P U
M Q K S B E I N S A F F L Q C W V Z E
N T H E R B D N H P N P J W L B J N A
E F N R P Y P J V C K M F M Z S B D Y
H J V A B C X X M A T D F U F R E Q R
C M Y P Z J J U J P V F C R E R A J W
O G Z T L A U F E N F V L I D U R C H
N A T B Z Z G O V C W I C Q C J E O T
K C O D X N P E J W O Q C D O T O D J
Y A I G O E W C S Q M B U T L K C S S
H M C G V E R M O D E R T E S A A N T
```

24

KNOCHENMANN VOR DER TUER
HALB VERMODERTES GERIPPE
TOD DURCH STROMSCHLAG
INS VERDERBEN LAUFEN
GRAUSAM STERBEN
BLOODY MARY

S	N	H	S	M	R	N	Y	A	B	O	C	C	H	B	U	J	F	W
I	E	B	F	S	Z	Z	E	K	M	P	S	G	H	Z	F	T	K	N
Z	V	T	M	A	S	B	O	G	W	I	M	N	O	W	V	C	F	P
N	W	H	Z	W	Y	H	K	J	C	T	P	M	K	T	V	U	T	Q
L	R	S	M	T	W	S	P	H	D	R	T	V	Q	P	V	K	O	R
G	V	I	M	V	E	Q	B	X	E	E	T	C	Z	N	I	U	D	Z
M	X	K	K	O	B	L	G	T	U	T	O	N	C	R	Z	M	E	I
H	G	M	J	X	O	A	K	P	J	L	J	R	T	F	P	O	S	V
N	X	J	B	N	U	U	L	H	M	O	Z	Z	A	P	W	U	R	B
E	X	Z	U	T	S	U	H	V	P	F	R	E	M	I	X	S	O	V
G	R	X	O	T	Q	P	P	R	E	E	S	V	P	M	S	N	E	U
E	C	I	U	Z	G	X	P	N	U	G	P	Y	U	I	S	L	C	K
I	J	T	P	L	F	W	I	T	V	G	C	J	B	B	B	P	H	M
S	T	S	P	M	K	S	S	F	M	A	Z	N	W	O	F	D	E	J
T	D	O	I	R	A	E	E	L	U	D	E	P	I	Q	A	E	L	H
E	O	C	M	R	G	V	L	W	S	N	X	L	Y	I	D	I	N	Z
R	T	L	E	U	U	L	T	N	E	J	W	M	N	A	V	C	W
H	R	I	Y	T	C	D	N	I	R	X	M	A	G	Z	A	E	G	G
A	Q	O	X	S	N	C	P	I	L	J	A	U	R	N	B	L	M	O
U	G	X	X	U	A	S	U	I	Z	U	F	L	U	C	H	T	Y	M
S	C	O	R	W	X	E	A	B	Y	W	C	I	T	K	B	M	M	U
G	E	G	L	G	D	Z	S	D	D	J	Y	Q	D	H	C	R	U	D
T	B	R	V	O	E	X	H	N	E	B	E	H	R	E	K	K	X	A
A	A	X	T	D	B	X	S	L	P	P	D	M	V	T	H	X	H	I

25

ZUFLUCHT IM GEISTERHAUS
TOD DURCH SPINNENBISS
LETZTES TODESROECHELN
VAMPIRE ERHEBEN SICH
IN ABGRUND GESTUERZT
ZU TODE GEFOLTERT

U	N	R	E	M	M	A	K	B	A	R	G	P	E	A	W	S	L	P
I	I	L	B	R	L	L	G	X	X	S	E	H	M	K	I	G	Q	Z
N	Z	Q	E	Y	S	T	E	E	W	V	Z	L	E	F	U	V	P	M
D	B	G	V	I	Y	D	N	I	F	B	W	J	M	Y	N	G	E	A
T	M	U	P	O	O	D	X	M	N	R	D	W	Y	O	M	A	S	U
K	M	R	Y	K	E	T	T	E	N	G	E	P	D	B	K	N	T	S
M	H	I	F	H	Y	M	U	G	W	I	E	S	J	Y	Z	U	H	X
A	P	E	A	S	C	G	I	G	H	T	V	A	S	J	B	E	A	O
U	R	H	N	N	C	A	W	J	E	A	H	O	T	E	K	F	U	J
P	L	P	C	O	E	Y	K	V	H	B	R	Y	M	M	N	L	C	G
C	N	F	A	W	Z	P	S	M	C	R	N	L	T	P	E	R	H	V
J	E	D	S	W	N	M	O	U	S	J	C	Y	J	H	O	T	E	Z
A	G	V	I	R	G	X	N	K	I	O	Y	Z	H	K	V	T	E	D
B	N	V	K	M	S	G	E	K	T	D	P	P	E	S	L	O	M	R
Y	A	C	B	D	E	R	D	X	S	F	O	L	X	I	C	D	F	S
N	F	W	X	H	S	Q	N	K	N	F	M	E	E	S	H	E	K	H
G	E	J	E	V	T	A	R	S	E	F	G	E	N	R	H	S	L	H
U	G	U	B	E	J	W	E	V	P	Y	H	O	B	B	N	S	E	M
A	E	R	K	J	A	U	P	K	S	Y	W	U	R	L	Q	C	S	A
R	K	T	F	I	J	F	P	S	E	Z	T	R	U	D	U	H	B	B
G	V	M	D	R	X	E	E	M	G	H	I	N	T	U	P	W	C	Y
P	A	J	P	S	A	W	H	F	Z	E	N	T	J	R	F	U	H	X
Q	G	H	L	O	K	T	C	X	F	M	W	Q	B	Z	I	R	Z	Y
B	B	H	D	H	E	R	S	C	H	E	I	N	U	N	G	S	J	X

26

TODESSCHWUR DER HEXENBRUT
GESPENSTISCHE ERSCHEINUNG
GEFRESSEN VOM UNGEHEUER
IN GRABKAMMER GEFANGEN
EINGEATMETER PESTHAUCH
SCHEPPERNDE KETTEN

```
G P E T W J P I X J C O R D N S A K C
R G O R H P T L T N T L Y A H K L W W
H A T O U I Y A K E J R F G G U E Y V
O K R M V Q H L V S Y Z I I M D B G V
W I Q N H Z A T P O M S O P D B E S E
S L H B V B E R B L M Z X M L W N B K
X A B V U N R E M F X J T U L E D W D
M P O N P J G W X P O R T G Y G I Z I
I J A E G R S G U O L H X T Y I G G C
K R B M A D W W P K U G A P E J V C H
F F C B U E S S I N Y U Z F Q M O M E
Q Y E J E R K Z D T F H G O V W N Q R
G N Z B N O C W A G T C T K L B W L T
P J A N Z U V Y E G B E A T Q A B V R
A K B U V V F S Z R E H R C H Z Q U A
R L O L P L C Y V S O P Z T K Q H V E
U H N E R H G O H E U G A B E L K W N
D W Z Y L E M L D U R C H Z X Y L C K
D Q S I C A A D K U N L H M U Z X O E
O B T H W J X H X W H N V Z X H P O N
T Z K H P P D V Z N A T N E T O T O C
T U N H I L L B O Z X F Y R I P P E R
B I Y I H C X H K M I Z U W V B W V R
O A U F G E S P I E S S T A M T O C Z
```

LEBENDIG BEGRABEN
TOD DURCH ERTRAENKEN
BLUTHUND WITTERT DICH
TOTENTANZ DER KOPFLOSEN
AUFGESCHLITZT VOM RIPPER
AUFGESPIESST AUF HEUGABEL

R	F	B	N	V	W	O	E	S	P	N	C	D	L	I	A	Y	O	D
A	Z	X	Q	M	O	O	I	G	S	W	D	M	X	F	Q	X	K	E
U	T	Y	F	O	O	C	P	Q	I	B	O	P	I	K	B	K	K	Z
H	O	O	D	E	L	V	H	H	M	R	Z	K	A	T	M	E	L	V
D	K	L	X	F	E	E	E	Q	V	U	V	N	E	T	O	R	E	G
J	M	N	M	K	U	Q	B	Q	W	V	M	T	W	U	P	X	R	X	J
T	O	E	F	O	N	P	B	S	L	X	R	T	L	X	I	D	E	N
I	R	G	U	O	A	Z	P	A	M	U	G	T	T	R	R	G	Q	M
X	D	N	I	G	U	Y	G	Z	T	Q	Z	C	R	A	M	Q	K	J
S	G	A	K	F	S	G	P	B	T	O	O	T	K	A	U	P	Y	G
H	I	F	Y	E	S	Q	X	A	I	X	I	D	M	O	N	P	P	Y
C	E	E	V	H	P	Q	T	R	E	U	N	S	W	V	F	S	U	A
R	R	G	R	H	R	L	Y	Q	P	G	L	P	E	V	Z	P	J	T
U	V	W	C	E	E	J	E	F	T	S	U	A	H	N	E	X	E	H
D	L	F	D	U	C	X	X	R	O	T	I	D	G	R	T	V	N	I
R	L	Y	E	F	H	R	R	P	E	E	N	J	V	W	K	P	E	Z
J	H	R	X	A	L	G	Y	C	D	C	C	L	Y	N	M	F	M	D
S	G	I	G	I	I	Q	A	D	O	Q	C	P	T	A	T	A	N	L
R	X	V	X	L	C	C	Q	T	T	Z	S	A	E	E	S	E	H	J
T	T	T	M	T	H	W	N	T	D	K	W	N	T	O	O	H	O	Q
A	U	G	E	N	E	H	E	K	O	J	R	Z	H	S	G	L	Y	D
Z	U	I	R	L	Z	C	Z	B	T	L	G	R	P	J	H	U	S	H
D	I	E	G	O	P	N	E	B	M	O	K	A	T	A	K	N	Q	Q
V	A	B	B	M	V	T	K	C	E	R	H	C	S	R	E	G	M	S

28

MORDGIER IN DEN ROTEN AUGEN
UNAUSSPRECHLICHE GREUELTAT
GEFANGEN IM HEXENHAUS
IN KATAKOMBEN VERIRRT
TOD DURCH PFAEHLUNG
ZU TODE ERSCHRECKT

Top Grid

```
V E R H U N G E R N G H Q C G T Z X Z
J N D E Z H P T R H C R U D E L X I L
R R Y Y Y L X H O L T Z I F I Y D D T
E Q P A I X M I R I E R E A S B N D M
U T K Y P T O D M R T W I T S E I S
T V Y C H G H F F I I W S T E B F C P
Q X V E R S T E C K C B C E R X E M M
T G L P P M T N R D N H H U Z Y I O M
U I P V N Z U I B C S M E F U X R Y E
L S Y Q T F V O R P W A N E G L T L A
B H E R Z K L O P F E N D L L B M O V
K U L C U H D Z T D X G E I G M F G M
```

29

VOM GEISTERZUG ZERFETZT   QUIETSCHENDE TUER

HERZKLOPFEN IM VERSTECK   TRIEFEND VOR BLUT

TOD DURCH VERHUNGERN   TEUFEL HOLT DICH

Lösung 1

```
U B K N F Q L D N R E W D V T B W T I
M S P N K T I S Q E D S J P I Y H T O
Z O M E R W A R T E T C W N Z C W R T
R X R E C T E T F I G R E V A E R H V
M L E D V K X U X P I T K N S D N N D
Y I G H E S V F D U I O R E E J E E H
M Q J V H B Q X Y K R E N X E J A R Z
M Q Q F C M Q Q W U T M C M R T Z W Q
U T J L I D Y E C T B U B B N L U D Q
W Z C T L H V J I B E J N Y Y M X U
T H V I M O J M J E S I O F F K E M T
G S N Y I I I I U D N V S C H Q U U
T R Y E E L T H F I M K Y M E R M R
N N W Y H L J B T Y L Z G O R U K X B
Y B R I N E X Q R W N X P H J T O D H
H M J J U N G M J E Z V U Z F S E E E
U X C D I F O U T N T S V C I R P A L
T O P X F E X Z V V C L H A H E F U L
P S X M D U E J B H D E U L L Z I F E
A Z A D C E V I E E G D T K X S G R O
M S V S O R J N D E R F K P E M H
U O Y G G N U R E M M E A D F O G N H
G K N E H C I D X O B F X G D J G X Q
D P E S T H E X E X N K E Z R K W R H
```

Lösung 2

```
O G H J C H I B K F E P O V B J X X K
G E F K J I J B E B A A V D Z T X V L
I N O V C M D I O E Y E J M I H K M T
E J V C I P B C P P R W Q B N O D R R
K E N C M U Q L O S U Y Y N N P G X
Z Z H Q S M A G U N K K O E U S G N S
B I Z E D U G N W A J V Z L W I G E O
B M D G I G K U M W N D H W Z A U S E
Z O M B I E S G R P E C D I C H M S G
C H Z R N L M Y A X S R V S P I Z E E
I H J G K O W R O N S N C H H X I R F
W I L D E N Z M E X I L I K P Q N F E
O V O N A R T L K P R L H N I F G E
K G P J V G L U T Z E G E G B Q E G H
H I D L N E H X T I G R G K F W L O R
A X F A O H T A N R E I O G D M T E A
K B P H M R S J B I Z Q L R J C S H
M L M D U R C H T D Y U Q T C B Z M
A Q U O K J K I M P W L F A C C A I E
G O S I J R Z Q Q I X E A A T N E E
V K I H C I Y M Y A J Y G P U Q I H T
L F O L T E R P S Y C H O P A T H T I
Z N U V H L L X J M A H W F M L U S R
I U J B X Q H I N R I C H T U N G M M
```

Lösung 3

```
U K X R P Q R S B V E R B L U T E N W
I V S V W K A A T J H C R U D X T L D
A F S G H U N U S P A X G E H L S E A
K O O G A B N O C F J U T A I B B E D
P V L J R J J S L P U X M G T M B E N N
U I H J C K F A N I H Z Z E O N N U
R G C X N J T I H W E X N Z J S R U
I J S R W S Z W A R D P A H A C M S F
S Y R M L K Z U T F N Y R L Q H I K G
P A O A Z E O N M V S E Q N C D O E U
Y U R X A Y D O Z I R R E I K N I H T
T G R J Y S T E R B E N D Y H M Q G U
P C O K N V Z F R L E T B U R X W D P
X I H Q T P N R E J K F Y F C P M H R
M H H J D U T O D E S S C H R E I N B
J E S J V M R J A T G S Q K I C A W
R Q A U Q T H M D I B G J D F T X C J
D G B M D J T A J E K D F Y Q K F H T
U E K E E N Q G X N D B E F G C A T Q
R L A Z X I W H T I I H Y M W E W F I
C L D I W U D N K E S V K H O W T E L
H T I N W V B K A W F O D K N R R S U
R T G I T S G N E A E G T O D E Z X A
Y Q L H Y B Y P E S T A C K E R G H X
```

Lösung 4

```
S O Z U X J F K N K L R V J Z F E Y D
L D K A N G S T A E Q Y N M L E A L N
Z P T Q T C G Z Y U S P J X J T Z E
K O E P E R T E I L E O Q T Y C V X T
S P E I O W O T R D X S L M P D X F L
P U F X A W P V U Q J P O F O J P Y A
M N E B E I R T E G X R K L P N I Y T
U L T K C R L O S P D O W B M O O G S
J E T T E A T S T H C A L H C S K V
F E V D V J K O D T O L A Z C Q U W B
V Q P U M Z I N G E L T V O G F U P
Z G N U V Q T L V L C C C O T S V F E
Q I F W U W H N O N R N D K R T A N U
I F U A O L Z B M J X Z C O E C M R A
C Y H O R R O R B U R G M B G J P W H
B U F V I Q D B L U T I G E A D I J C
Z E L H A R T S T U L B D Y L K R M S
N M E U C H E L M O E R D E R Z T U C
B X R F B Y B R C X M Y B E W T R R B
Z U I D M W G B W A H N S I N N E U R
P I P L Y O T X K G B L B I C T F I N
X E Z F T W F Y H J B F E S U A E F A
F T Y I G B N Z C K A F U A X U N U P
```

Lösung 5

```
K D E R G A M H N N P U U N I P L J N
Z D V J P R W I U F T E F L U E C H E
J M J G K S T S A B Q B P G H A A U I
R L B F Z P X S G L W E T V P R H E S
F Z Y Z E E L L E O H R W Q I A M D T
K W J L G L L J D Z K A U O I T G N E
F O F K N A B T H C A L H C S L Y E I
K C S G I O U U K S X L Q D L A A G K
X J U E M G Q C I Q B F J W X T U N L
M T L A N W D C T O L E I B S U F I V
G E D T Z T H M O K U N V K U L H R B
L T R R U V Z Q N E T R O F P E B Y
E T R U S E R X R H T T W V L Y R T T
S E I P G K X R G R R V R Z P S O T
N K F U J N R E F A I Y H U O P C T Y
G E O P F E R T H U E P F K F M H V R
A G I V E I W I Q E F A X X F D L S R
B N T C Y D N Q Y B E F A E M E L E
M A U V R T E P I H N B B X N Y I Q V
F T B E E Z N R M E D C T T F N F M
X R M R J J N O S T E H E N T Y E X H
Y K N O C H E N H U E G E L F H N V J
T U T J Z M Z T J D K W A U F W D R D P O
Y C H V N X X G P Q K W I P D B O G Q
```

Lösung 6

```
C W C J A P T F J L S R Y E D V S W F
T C S S C H W A R Z E R K T O A C U V
Z H H R R P T Z O R Q R R N Q E H G A
F S C H L A F Z I M M E R D X G L N M
E M I T T E M B H Q G C T H K N A U I
R L D W N C P I S H N D E T A N E N I
V I R M E X M Q G Q H Z Y M X X C I R
X U E P G X O M O V I V E I M C H E M
R A C L A I S N N I S N H A W I T H A
F T U W L H I U A V E A R R J B R S L
V C N P H I U I A V E A R R J B R S L
G G E X C C T U E A V F D A E X R N
G R U K S T F S W T N C U Q B L E I
Q G F K R U Z F N B S X R U E W E I
E Q B J E H V Z W E N B E J I N N E L
U U S K N O H N I X T B A C L P L T L
Y Y M I O E P G Z M E O H X R I T Y S
Q N Z T H X M J I R M E T Z G S I I Z
I M G X A E N N O A D M E Q O
W W N W H H A N H E B E T U Z O Y F G X
Z G A X X E I E L U Q E O L K P M Y
U N R L R H E R X R G P C V G V M H X
W T Q G T D G E Z E V S L D E S P P F
D B V R P X M E X U D P U S O U T C G
```

Lösung 7

```
N G D X O X E Q Z V N W M P H R Z V D
E X D W P D I X D R A X V H V Q C H M
S M F Q H Z O G F D B H N P U R A S N
E C N X E E Z U E I B E I M F A A F E
W H E O T R I J I W M J Q S R O M O G
N K R T Y W J T Q W J K J C O I D Z N
E F S O Z U H A K C T Z V H X E V M A
T L G D W E T M M M Q K A A C F N K F
T E A E H R C A I M S X V U C X S C R
A D H S C G D P X Q M N I D S C T I E
H E R T R T V X O P U R A E K J Q L V
C R O E U G S A O Z A U A R O Y B B A
S M T R D V F A L L F U X T Z A L R M
K A K M Z G I C S G G K U A J E C O Z
K U O I V J O B E E L N X T B I Y R E
Z S D N O K U S N T U G A E J X M K T
P B T R M D C Y E J M R K N K U H I O
W O S M U H D T M X O N R T W H J H T
L S E H L P U Q P Q E C B H P W Q X
H G P I W L Z D D G S V P B I B K B K
S P T D B M T I R N K I D C F G N T X
T Z H R M A O W K J N P T J M S R J
T T E A C I M I I H O C G H X A N I J
A V Y M K M Q Z L N F K Z D A W R H F
```

Lösung 8

```
N Z N L O N T R G E S T A L T E N D T
E Z E G O E E H C I E L Q M K O I M O
K W U X E P E S T O P F E R S C T P W
A G Z T G B Z R Z M L Y V L H Y L P L
H J Z L A Y L N X C M O P G O P I S A
R I R O I D U E X S I X L Z D I E S M
E H G R J N F L N F H E Y P Q C T T A
H Y J G C E G L G D K W H C W U R D H
C O K Q O G K A E F E X C N A A E R A
S M Z F R N J F Q Q Y T U P G S I E U
I G O S O E X R A K H M A F D E V F F
E N J U T A J E S L M P H B U A E U G
L F O V N H X B Z G F A S S E B D A S
F O K N E F K E R G Q B E R I M N L S
U S U E L J V U G E W H D T F R N L N
Z V D G L Y E D N E G G O X A O E O N
S T Y I E O U W E C C U T Y N I T D
L M E R O S G R U S E G A E Z Z D B S
N C I U H O N E X S K G U S M S R P E
L Z S A Q T J D M J R I X Y T U E Z N
R N R H W A S Q N P H E G G Z U X V E
K F N C K U E O E U I B K W N T L S S
C T G S H R O B M Z I X N W V I N B C
C N E U W L F S G R U B T K L S A D F
```

Lösung 9

```
V K A E X P X S X O U S E P K R A S Q
J A K S R D S L B S R W G S H Y P J J
X X J C F D F M H G R X Z A I N D E N
O Y Q E O U F L C K S G L T S M O V G
Y L X B A P R Q M L N L O R F U E R O
X B L L Z P K N N I T A S D B N G O Z
P W F E C V O M E I T L R C N J K E R
K E M O R N L Y R H E T A T M I R W N
E C C W E E Q D R R C G E E T S B E H
U Q E E K T S I I N P Z N R T F S U J
U I B G C R E L Q L S Q U U N S I N K
S C Y N A E T K D C I E E O A N G N
Z J W E T I D L H K C Y L A I C D R
Z X X H U L R B E A K Q H Z U K U H H
A W Z C L O A N B E T C L N E R R P T
P T Q I B P K E L O S S F F C T L J U
U Z A E H N J T B E N P N H W O A P Q
X R I L O Q I A G Y O L U U V T M W S
A A S C R C S N H M A D K I R E M M Q
U G H M U K I E M Q F B R N A E M X R
U E D N M E F N I M C W N E A C V A Y
N R F E F V F O K T Q H M K F L N C L
G N N U H H B C C R K U S K Q P B O R
Y P Z E D N F W X R X P B Y Y B O G B
```

Lösung 10

```
B E S B R I N G T F E H C I L D E O T
F T R U E B E R A L L M V T A D I C H
B L U T B E S C H M I E R T E B O S E
S K M H O E L L E N G E S I N D E L S
P A H J L T Q O N X K I W I O L F T K
I M B B M J P Z G U G Z T E H I L I P
N W C T G F X E Z R A W H C S Z X S F
N E D I I X K T F W I P G E V U A V Y
E O S W V Y Y E G V A R G E J T D G B R
N T N V O I I J S Y E F B X H L F G
N K H N T K C I L B R E A V X A V J G
E V A M P I R Z A E H N E F O P T Q T
T E T H C A L H C S E G N I H N O L R
Z T P H E S O W P V O F F A Y E U F
E V O M I A T V T E E C Z G W D T W W
V C P I X V K R X X L W E G U O Y H Z
T Q E E N Q P C U U D H N S H L G F C
N T U U L Y W F C R O D E Q L X S L E
E I K G J J P G P B A B T K D N X L O
F M I T U L B U E A T I O M Q E K H E
K H Y G J A N P U P R T P G S M C P
P B C G J D E C L P U L N T M N F Q L
D A P K P R B B U J H Z U I V E J V L
H N M C M P Z E G J K A T Z E D M W O
```

Lösung 11

Lösung 12

Lösung 13

Lösung 14

Lösung 15

```
Q C K T G T T F F E I D B C X M I J S
H F U B F Y E P F V O D S Z E V K N I
U E X Y M P Q U T B B N R D J H P G N
S E T L E H C U E M E G U N J Y E W L
J A W G K T A L Z T C R A E O H Z N U
E C G F R J M U E U H O A K X V U W E
T T V T H M X B I X B M P T J A Y K A
S F Q B F I S U W D M O T F Q M S Z F
H S E G A I X D M B N R F H A P A J D
H U R D R Q G W Y X R D L O D I T P U
B M I P F R D J Y E L N U D S R Y J G
K Z P V R P E N I J S A E X C E Q R E
S I Y I W U H A O Y T C S K H N A U E
Z N L M W U C R X V O H T W R B A D J
D G Y A Q E R N D O T T E U E J N V M
I E V A K B U P A K E W R L C E C R P
F L W X Q E D M P I N N S E K K V A E
X T R X O R V S I F B Y T N H H L B T
L F Q A G A Q O G H L L I H Q M S N S
M Y C H N L Y H U B E V M O B M J U Q
C H O Z X L V J A M I I M W K S K J A
A T C I E X X Y K P C X E V M S T T B
V I O H N T O R H H F O Z N R B Q
N P J R U A T S A G X X F R P F N P M
```

Lösung 16

```
N Y H W N L I D B J U R N R K O N M I
E O C T H E G C N G V B K D Q P E F T
F B F M O U N V L G T Q E J W D C E Z
U E K S Q Z D P P R J L I G Z N R I M
A I I B L S E N S E N M A N N E W A W
H N E Q L Y E F G E M S L D P F N B U
R E D T F O L Y U E E D N O M L L O V
T C F N K A I F L B G T D O T S B G J
I N E P H T X E F S N E H C U S N R B
E C S L L L T A K O D S G J C N E B L
H G S D W T P E W J A S X Q X E F I U
C T E R E R I P V E R S C H L E P P T
S B L X Z L G R S F K T O A U O W K B
W T N E F U R E W J O K H C J Y H W D
N R S D G N W U T Y M Y Z C T L G A D
O G D C T T F K L O M X I M A X H N E
E E N B U Z W M H N T S H J V N X D I
R R V Y O J E A E D P N M Y H I U E X
Z F I R E X A U F U N Y U R E D Q L C
I J J O R L F W V E R W A N D L U N G
O C Q J G F Y S D F R T Z A X X R D H
Y G D U D F Z O T M G C U Y L V B E D
H Z D A T X R C R S H C I D I E L J K
```

Lösung 17

```
V N X I O D F B W G E Z I U V O O U I
P E T U N N A E G U A U F N C M J D S
Y F Q Z A X Y B R U N Z W G W O T S K
Y P I A E K D A K T D A U Z P O N X N
E O J C P I T G R E U W R E T I D B W
G R H Y T F D G W Z B P A E F Z D Y D
N T J Z X P Z E E V R F N L V K B B J
A S V Q P K U E I K G X N P W D U
L T S H U V U P K E O E K C E K S A R
H U J U E C T B D E G E D L T Z H A M
C L N Q B H N D P E C K P V O M T G F
S B V E B F E N R L O H F R A A K U
R M Q P L R E D L R K F I X T S M I X
O O N G H A E V N U V E R F O L G E N
R V M T K B U T G P M Z T D L S E A B
R N I Y R A N Q R E K N E H P C Z O V
O K W U R O V X N Z G B S R S W H O P
H T R E T I E T S E P U I J N F N D G
N H J Z V K U E T S L T H O R R R E O
F O L T E R U N G L Z L V E N S O C L
Z U K F K V G D T T W J E Q Q D F K V
P U E H S I X U W U Q U U O M L K E T
Z L V H G O C Q W H P D I C H G F X W
J I Z A P D U R C H T G H Y Y W P O O
```

Lösung 18

```
G A N J G A Y R G J E Z X L W I W K A
W P I X H L I M U D A G N W I R D G D
N C J J A G F Y O X S N A G W Y E I U
M F E E U Z W O U H H H U J L I V U R
Y S Z G S G N S M V B T N X S O Z D C
I D A E M E Y Y T D W J O T R F M A H
N M G C T U W J C H V N E F R I O R K
X W X O B S F X V O E R A I A G B X A
K Q T Z N P F E T N T A E O K M Z S
J A L J P N Q U I A C D S Q C E J T W
G V F J E U H J N J H G U R I B E P F
N O U X S H U J Z Y O V V X G E R Z Q F
H E M K B G R Z J W E N G E D R E R R
C L R N E M W Q C N E X I N M T G U W
U S S S U Z I U I N V S N R K T S L W
S C M E L Y Q T T U A V A E R H J X P
M H T T E R V U U N O E V E M A N I K
I E U C N D G G X G X N W P V M K J H Z
E U L R H D L S E K T D R E F J Y L B
H C B Z K L T J T L B L W S M Q A C N
K H C Q K S N D Z G H E P G K P K H D
X E P J P K E V M A J L E B E N D E N
N G X N P R L E B E N D I G U X L R K
```

107

Lösung 19

Lösung 20

Lösung 21

Lösung 22

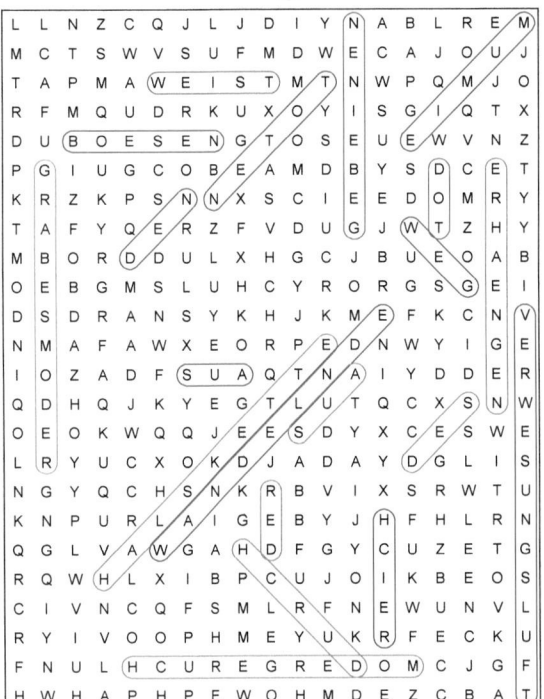

Lösung 23

```
T S C T T E D J Z C K H Y Y C I R Q S
R O F F A Z B N X K C B Y W U Q T T G
C T D B W T E M S R M I P V T A T K C
I C J V C X N K U Z M Y V Q E D O T K
H J B Q C U W D N U F V R Q B W S N E
Q C P L P N T E F F W Q A T J W Q Z R
S L B X D B E R G I V P P L K R C B P
B K Q A E E T O D L V N H X Q P O O J
H O H U O S V M S G A N A E E D R R T
T I E V E C N M Z G I U E U E A W J O
V M G S L H M B H N B G F S T M Q B D
N R V S E R N P O E T P N E S G U Z E
G M C H L E E E O U S H F U N I F T S
C V R I L I P S H B N O R G D B P A
M P L G N B Y T L O U M J D U L F E N
K N Y X J L Z L M H Q N Y Z Q I G N G
Z E X M G I D U X F M Q V O R P F C S
K B N V J C G F Y B H E Y M U D B Y T
D A G U O H X T D O N T C A D U W L B
W H I E A E Y Y J D L R R S P N Z Q D
X X J X O S N E L L O W G R A U E N Z
Y S O O C C I O V M S B C V N H Z U
U N Y R Q D E I G A M D M T I G H M
B H T X G C K C E N I U B X H E V G U
```

Lösung 24

```
R V B O U T F K N B S D P Y F B Z H Z
I Q L C C N K A Q O D W T P I N M I P
P I A M Q G A L H C S M O R T S C C I
Z N H N U S A O W E J T C T I X N T L
G V F K T F K B T P W G E Q C H O U K
O R Y C W Q Z B X W R E U R A U F Y I
I H R U Y K W G R A U S A M B S O J P
N R A U D I H D I J K C S B B E J A L
G O M Y D O O L B H V R G U O H N U Y
L V W N I J G R J E A L U Z V E W I
M L V W N I J G R J E A L U Z V E W I
N N L J J K X D R B T R T X T C W J D
N K C E X B E R E P P I R E G Z B D N
A Z D C R L G J U U Y T O K Q G P U
M Q K S B E I N S A F F L Q C W V Z E
N T H E R B A P H N P N P J W L B J N A
E F N R P Y P J V C K M F M Z S B D Y
H J V A B C X X M A T D F U F R E Q R
C M Y P Z J J U J P V F C R E R A J W
O G Z T L A U F E N F V L I D U R C H
N A T B Z Z G O V C W I C Q C J E O T
K C O D X N P E J W O Q C D O T O D J
Y A I G O E W C S Q M B U T L K C S S
H M C G V E R M O D E R T E S A A N T
```

Lösung 25

```
S N H S M R N Y A B O C C H B U J F W
I E B F S Z Z E K M P S G H Z F T K N
Z V T M A S B O G W I M N O W V C F P
N W H Z W Y H K J C T P M K T V U T Q
L R S M T W S P H D R T V Q P V K O R
G V I M V E Q B X E E T C Z N I U D Z
M X K K O B L G T U T O N C R Z M E I
H G M J X O A K P J L J R T F P O S V
N X B N U U L H M O Z Z A P W U R B
E X Z U T S U H V P F R E M I X S O V
G R X O T Q P P R E E S V P M S N E U
E C I U Z G X P N U G P Y U I S L C K
I J T P L F W I T V G Z Q B B B P H E
S T S P M K S F M E U O F W N O F D E J
T D O I R A E E L U D E P I Q A E L H
E O C M R G V L W S N X L Y I D I N Z
R T L E U U U L T N E U U N S A E C W
H R I Y T C D N R X M A G Z A E X B
A Q O X S N C P I L J A U R N B L A A
U G X X U A S U I Z U F L U C H T Y M
S C O R W X E A B Y W C I T K B M M U
G E G L G D Z S D D J Y Q D H C R U D
T B R V O E X H N E B E H R E K K X A
A A X T D B X S L P P D M V T H X H I
```

Lösung 26

```
U N R E M M A K B A R G P E A W S L P
I I L B R L L G X X S E H M K I G Q Z
N Z Q E Y S T E E W V Z L E F U V P A
D B G V I Y D N I F B W J M Y N G E A
T M U P O O D X M N R D W Y O M A S U
K M R Y K E T T E N G E P D B K N T S
M H I F H Y M U G W I E S J Y Z U H X
A P E A S C G I G H T V A S J B E A O
U R H N N C A W J E A H O T E K F U J
P L P C O E Y K V H B R Y M M N L C G
C N F A W Z P S M C R N L T P E R H V
J E D S W N M O U S J C Y J H O T E Z
A G V I R G X N K I O Y Z H K V T E D
B N V K M S G E K T D P P E S L O M R
Y A C B D E R D X S F O L X I C D F S
N F W X H S Q N K N F M E E S H E K H
G E J E V T A R S E F G E N R H S L H
U G U B E J W E V P Y H O B B N S E M
A E R K J A U P K S Y W U R L Q C S A
R K T F I J F P S E Z T R U D U H B B
G V M D R X E E M G H I N T U P W C Y
P A J P S A W H F Z E N T J R F U H X
Q G H L O K T C X F M W Q B Z I R Z Y
B B H D H E R S C H E I N U N G S J X
```

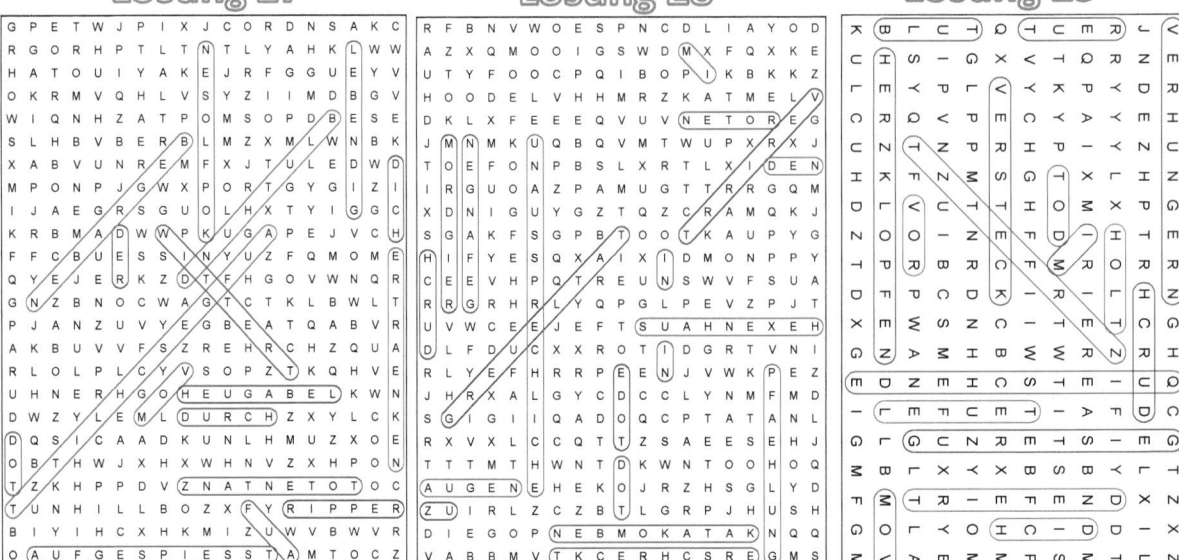

DAS
KRIMINALITÄT
WORTSUCHRÄTSEL BUCH

1

```
Q E Q V F F C H K B H S T Z M O Q A B
A I C V I F I Q Z K J P Z L B K D S G
V B O H G B S Y F A F E H Q J S K Q Y
O E L L I D N N S X M M P Q Z C T Y H
T Z Y L A G T I L C R F Y S F C C F V
K K A K M T X I H J D N I W E S P R W
I X Z P Y M M O V B Z C A E V E I U Z
L K A P N K N X K I H L T P E M K I G
E R D Y B Z L J G E E V K K Z C U F M
D Z V Z E A W C R I W D I M J Q B M J
L I R A O V I S C I O I L A O O A I P
A Q B Q W L T H H E V J E U W K D O O
U K Q T B E E Y H T E J D S R R F E O
X P S M L N F F O S R E S Z E I R E Q
E J V L S Y G D T C D D G V T M W F M
S O U C I Z E E F N A Y N B H I O R G
Y N H B Q S M P K R E B U P C N X I O
G A U V Z V X P V W C C T Z I O W B H
U Y W E C X B Q U Q H M E V R L G C A
H B I W L J I T Y S T C O F O O E K Z
J T R A S E D O T G I V T B T G Q P K
G D T D E D D Q O U G X S P L I I I Z
Y X U R Z H W J K V E T U E Y E A O W
K A X J Q P I G V A R R O T K L Z L S
```

1

ALIBI
SICHERSTELLUNG
TOETUNGSDELIKT
RICHTER
SEXUALDELIKT

LEICHENSCHAU
KRIMINOLOGIE
TODESZEIT
VERDAECHTIGER
TODESART

Q	E	Q	V	F	F	C	H	K	B	H	S	T	Z	M	O	Q	A	B
A	I	C	V	I	F	I	Q	Z	K	J	P	Z	L	B	K	D	S	G
V	B	O	H	G	B	S	Y	F	A	F	E	H	Q	J	S	K	Q	Y
O	E	L	L	I	D	N	N	S	X	M	M	P	Q	Z	C	T	Y	H
T	Z	Y	L	A	G	T	I	L	C	R	F	Y	S	F	C	C	F	V
K	K	A	K	M	T	X	I	H	J	D	N	I	W	E	S	P	R	W
I	X	Z	P	Y	M	M	O	V	B	Z	C	A	E	V	E	I	U	Z
L	K	A	P	N	K	N	X	K	I	H	L	T	P	E	M	K	I	G
E	R	D	Y	B	Z	L	J	G	E	E	V	K	K	Z	C	U	F	M
D	Z	V	Z	E	A	W	C	R	I	W	D	I	M	J	Q	B	M	J
L	I	R	A	O	V	I	S	C	I	O	I	L	A	O	O	A	I	P
A	Q	B	Q	W	L	T	H	H	E	V	J	E	U	W	K	D	O	O
U	K	Q	T	B	E	E	Y	H	T	E	J	D	S	R	R	F	E	O
X	P	S	M	L	N	F	F	O	S	R	E	S	Z	E	I	R	E	Q
E	J	V	L	S	Y	G	D	T	C	D	D	G	V	T	M	W	F	M
S	O	U	C	I	Z	E	E	F	N	A	Y	N	B	H	I	O	R	G
Y	N	H	B	Q	S	M	P	K	R	E	B	U	P	C	N	X	I	O
G	A	U	V	Z	V	X	P	V	W	C	C	T	Z	I	O	W	B	H
U	Y	W	E	C	X	B	Q	U	Q	H	M	E	V	R	L	G	C	A
H	B	I	W	L	J	I	T	Y	S	T	C	O	F	O	O	E	K	Z
J	T	R	A	S	E	D	O	T	G	I	V	T	B	T	G	Q	P	K
G	D	T	D	E	D	D	Q	O	U	G	X	S	P	L	I	I	I	Z
Y	X	U	R	Z	H	W	J	K	V	E	T	U	E	Y	E	A	O	W
K	A	X	J	Q	P	I	G	V	A	R	R	O	T	K	L	Z	L	S

E	N	F	D	Q	A	C	T	U	X	Y	T	X	F	C	C	S	I	S
V	U	R	X	X	O	P	A	Q	K	Q	A	I	P	K	D	Y	H	R
Q	A	O	G	N	U	M	H	E	N	R	E	V	H	A	B	S	R	C
R	I	Q	L	C	Z	T	H	I	G	P	E	Y	P	N	B	A	C	K
Q	R	O	B	I	Y	I	S	G	F	J	F	F	C	S	V	S	I	Z
B	G	G	U	Z	L	L	O	V	F	A	R	T	S	T	D	W	Z	I
K	G	S	I	N	S	I	D	E	R	N	M	P	M	A	I	T	M	T
B	N	O	Z	S	Y	P	Z	Q	M	O	H	V	K	L	X	X	G	X
E	M	L	P	J	H	E	T	J	M	D	I	D	L	T	A	G	M	B
Y	T	C	T	U	R	O	Y	C	A	L	A	Y	E	M	V	O	W	I
W	I	L	L	E	R	I	Q	F	D	T	Z	N	T	V	R	T	N	F
D	U	O	C	C	N	D	G	D	E	Z	Z	B	Z	D	W	O	G	C
I	D	T	F	K	B	M	Y	N	N	A	Q	J	T	M	J	W	N	U
E	H	T	N	S	Y	L	B	C	B	I	C	Z	E	O	J	O	U	T
F	F	R	R	J	P	A	V	Q	E	U	S	I	R	B	C	U	G	J
G	J	B	P	F	N	X	U	H	F	T	R	L	T	B	P	H	L	S
W	I	C	B	K	O	L	X	E	A	Z	H	Q	H	L	G	J	O	V
X	T	L	D	T	P	H	L	N	L	K	Q	N	F	O	H	V	F	E
K	Z	L	Z	M	K	P	L	L	L	N	G	K	A	C	R	W	R	K
Y	X	U	L	U	C	K	T	T	S	L	S	X	B	A	V	S	E	Q
Q	Q	K	G	W	R	P	S	T	H	C	I	L	U	A	L	B	V	N
N	E	F	W	M	E	K	Z	N	Y	W	Z	C	L	P	D	T	Y	E
E	I	V	J	N	P	D	L	U	T	X	A	X	M	Y	J	E	H	Y
U	Y	K	F	G	Z	P	F	B	B	C	M	F	D	P	Z	U	S	R

VERFOLGUNG
ANSTALT
LETZTER WILLER
INSIDER
STRAFVOLLZUG

MADENBEFALL
DATENBANK
BLAULICHT
VERNEHMUNG
MORD

```
E  N  F  D  Q  A  C  T  U  X  Y  T  X  F  C  C  S  I  S
V  U  R  X  X  O  P  A  Q  K  Q  A  I  P  K  D  Y  H  R
Q  A  O  G  N  U  M  H  E  N  R  E  V  H  A  B  S  R  C
R  I  Q  L  C  Z  T  H  I  G  P  E  Y  P  N  B  A  C  K
Q  R  O  B  I  Y  I  S  G  F  J  F  F  C  S  V  S  I  Z
B  G  G  U  Z  L  L  O  V  F  A  R  T  S  T  D  W  Z  I
K  G  S  I  N  S  I  D  E  R  N  M  P  M  A  I  T  M  T
B  N  O  Z  S  Y  P  Z  Q  M  O  H  V  K  L  X  X  G  X
E  M  L  P  J  H  E  T  J  M  D  I  D  L  T  A  G  M  B
Y  T  C  T  U  R  O  Y  C  A  L  A  Y  E  M  V  O  W  I
W  I  L  L  E  R  I  Q  F  D  T  Z  N  T  V  R  T  N  F
D  U  O  C  C  N  D  G  D  E  Z  Z  B  Z  D  W  O  G  C
I  D  T  F  K  B  M  Y  N  N  A  Q  J  T  M  J  W  N  U
E  H  T  N  S  Y  L  B  C  B  I  C  Z  E  O  J  O  U  T
F  F  R  R  J  P  A  V  Q  E  U  S  I  R  B  C  U  G  J
G  J  B  P  F  N  X  U  H  F  T  R  L  T  B  P  H  L  S
W  I  C  B  K  O  L  X  E  A  Z  H  Q  H  L  G  J  O  V
X  T  L  D  T  P  H  L  N  L  K  Q  N  F  O  H  V  F  E
K  Z  L  Z  M  K  P  L  L  L  N  G  K  A  C  R  W  R  K
Y  X  U  L  U  C  K  T  T  S  L  S  X  B  A  V  S  E  Q
Q  Q  K  G  W  R  P  S  T  H  C  I  L  U  A  L  B  V  N
N  E  F  W  M  E  K  Z  N  Y  W  Z  C  L  P  D  T  Y  E
E  I  V  J  N  P  D  L  U  T  X  A  X  M  Y  J  E  H  Y
U  Y  K  F  G  Z  P  F  B  B  C  M  F  D  P  Z  U  S  R
```

```
G Q O F L N E D E X E M C J U G T M I
P Q Q K R I M I N E L L S Y A L K X I
V E T S C G H G F L H T T K A R S M D
X E I D W R W T U K A U I B I Y M D C
Y R P X T V L H U L U H C M M C B C O
J F Y A N P O E K R J X I B B B K D T Y
Q H D V E U Y I T O Y N Q V Z Q R C P
N F O L M E N M J F A E M N B O Z M B
B E P N A G I R U L G W U J T H C K Z
Z R Q J T Z I M I N M K A A W B K N V
A N H I S U H T I M Q V T M F X E M A
T S K E E Z A L G J G X L V U R B J Z
S C W I T E I U K M W V L H U S K N E
W H S F T F H Q D I K T O P P D W B C
I U Q A O R W R U Q R C S V C K Q J H
E S R R S Y C C A O O T N E K U P X K
C S P G Y E C R W S U O H M I I O F T
W I Q O W G K L E L F V I V B Q C S R
G M T T G P T R B M B A N J K C K X Q
L I N O P K O Q E T Z J X O M N V C P
O C A F V Z C A Q T A Z Q I C S V Z O
F T L Z E I L T P G M H I X M E H I M
Z E B X C O O E G U X M R Z B A Q X O
Q D E Y E Q X I X F G W M K C Y Q D W
```

PROFILING

FOTOGRAFIE

TESTAMENT

KRIMINALITAET

BLUTSPUREN

TATORT

KRIMINELL

STALKING

FERNSCHUSS

SEKRET

Lösung

```
G Q O F L N E D E X E M C J U G T M I
P Q Q K R I M I N E L L S Y A L K X I
V E T S C G H G F L H T T K A R S M D
X E I D W R W T U K A U I B I Y M D C
Y R P X T V L H U L U H C M M C B C O
J F Y A N P O E K R J X I B B K D T Y
Q H D V E U Y I T O Y N Q V Z Q R C P
N F O L M E N M J F A E M N B O Z M B
B E P N A G I R U L G W U J T H C K Z
Z R Q J T Z I M I N M K A A W B K N V
A N H I S U H T I M Q V T M F X E M A
T S K E E Z A L G J G X L V U R B J Z
S C W I T E I U K M W V L H U S K N E
W H S F T F H Q D I K T O P P D W B C
I U Q A O R W R U Q R C S V C K Q J H
E S R R S Y C C A O O T N E K U P X K
C S P G Y E C R W S U O H M I I O F T
W I Q O W G K L E L F V I V B Q C S R
G M T T G P T R B M B A N J K C K X Q
L I N O P K O Q E T Z J X O M N V C P
O C A F V Z C A Q T A Z Q I C S V Z O
F T L Z E I L T P G M H I X M E H I M
Z E B X C O O E G U X M R Z B A Q X O
Q D E Y E Q X I X F G V M K C Y Q D W
```

K B G T T V C Q G Q O E U S K Y U T P
I E A X I T G L K P F I P P C B V D C
T S H Y L B Z X C W V R Q U N L M I N
S C O S C I X V W L O C F R O W L Q C
I H C C C U O Y X J K Z R E I F K G Z
T L M W F R W W E Y E I Z N T J X B U
A A S F R H H K T N E A V S A Z E J O
T G B J C H T E G Q X E K I L B B W Y
S N H R M I F A I P Y O G C U S E T I
L A C O L Z X L L R M Y N H G E N A Z
A H C L K R Z Q B I K F J E N K M T K
N M A M W H G J S P Z Q Q R A M P H D
I U W T G P T S P T C O N U R U B E N
M N Z S I F A S E P G W E N T J N R R
I G L J Z R U M Y U X H A G S X F G P
R N N E I K H I I C W X S N V S J A F
K Y Q E E I P F U Q W T Z M K A A N P
D N A T S L L I T S Z R E H G C V G I
M M V X I F J C B O O H S D H X W E E
I L W X W P F R K V D X T O M O B N K
L F U R V V K A E G O L V W I M E C R
E F A R T S S T I E H I E R F U T U N
A W D M Z U F B W Y J O A X Q V B S H
T U Q H C W E G I M Q O B Z P G P N F

4

TATHERGANG
PROJEKTIL
HERZSTILLSTAND
BESCHLAGNAHMUNG
FREIHEITSSTRAFE

KOMISSAR
SPURENSICHERUNG
JAGD
KRIMINALSTATISTIK
STRANGULATION

Lösung

```
K B G T T V C Q G Q O E U S K Y U T P
I E A X I T G L K P F I P P C B V D C
T S H Y L B Z X C W V R Q U N L M I N
S C O S C I X V W L O C F R O W L Q C
I H C C U O Y X J K Z R E I F K G Z
T L M W F R W W E Y E I Z N T J X B U
A A S F R H H K T N E A V S A Z E J O
T G B J C H T E G Q X E K I L B B W Y
S N H R M I F A I P Y O G C U S E T I
L A C O L Z X L L R M Y N H G E N A Z
A H C L K R Z Q B I K F J E N K M T K
N M A M W H G J S P Z Q Q R A M P H D
I U W T G P T S P T C O N U R U B E N
M N Z S I F A S E P G W E N T J N R R
I G L J Z R U M Y U X H A G S X F G P
R N N E I K H I I C W X S N V S J A F
K Y Q E E I P F U Q W T Z M K A A N P
D N A T S L L I T S Z R E H G C V G I
M M V X I F J C B O O H S D H X W E E
I L W X W P F R K V D X T O M O B N K
L F U R V K A E G O L V W I M E C R
E F A R T S S T I E H I E R F U T U N
A W D M Z U F B W Y J O A X Q V B S H
T U Q H C W E G I M Q O B Z P G P N F
```

K	O	E	Z	J	G	I	H	O	S	R	C	E	Q	E	J	M	S	E
U	R	T	W	Q	A	N	N	I	D	G	X	J	D	L	R	O	H	B
N	H	K	J	U	Y	D	Y	G	E	S	T	A	E	N	D	N	I	S
L	E	I	C	H	E	N	S	T	A	R	R	E	V	L	S	D	G	I
Q	Z	K	Q	F	N	R	B	V	C	V	L	M	M	V	H	U	B	N
J	B	S	U	P	B	V	I	N	X	V	M	W	D	J	R	N	E	M
A	O	R	G	U	G	U	C	E	M	Q	J	J	I	T	H	A	H	U
L	H	E	W	J	F	X	C	Y	Z	O	V	P	E	N	M	U	I	M
M	G	T	P	N	B	A	L	L	V	I	J	I	V	B	O	F	O	J
T	N	R	L	Z	B	S	T	R	C	O	L	W	U	G	C	K	J	J
B	U	E	S	A	Z	L	D	F	G	N	N	O	E	G	K	L	N	C
U	H	I	O	Z	Z	F	M	M	I	U	Q	R	P	R	H	A	G	T
E	C	G	P	N	J	Q	A	B	P	Q	I	N	H	P	O	E	D	L
S	U	N	W	W	X	T	P	D	B	C	D	R	M	Q	A	R	D	J
I	S	I	C	G	P	D	Y	B	H	F	Q	Q	E	Y	M	U	Q	L
A	H	F	V	N	Q	M	S	T	N	Q	T	Z	N	H	J	N	Q	Z
E	C	T	Z	P	B	T	S	W	W	F	M	Z	E	N	L	G	H	O
C	R	R	Y	S	A	A	E	B	M	L	V	Q	C	K	C	P	Y	D
C	U	O	U	B	R	F	G	D	E	H	J	M	Q	J	T	E	W	K
R	D	T	E	Z	G	J	N	R	W	J	Z	H	I	D	U	L	O	F
U	U	A	T	P	V	V	E	R	B	R	E	C	H	E	R	O	H	A
G	S	T	Z	E	L	O	T	S	I	P	K	L	M	S	F	A	K	R
Z	G	F	Y	T	M	X	T	T	J	V	G	S	F	C	N	H	F	V
M	S	J	Q	R	U	C	B	G	X	W	L	M	Q	H	Y	C	G	D

LEICHENSTARRE

GERICHTSARZT

AUFKLAERUNG

DURCHSUCHUNG

FINGIERTER TATORT

PISTOLE

URTEIL

GESTAENDNIS

VERBRECHER

POLIZEI

Lösung

```
K O E Z J G I H O S R C E Q E J M S E
U R T W Q A N N I D G X J D L R O H B
N H K J U Y D Y G E S T A E N D N I S
L E I C H E N S T A R R E V L S D G I
Q Z K Q F N R B V C V L M M V H U B N
J B S U P B V I N X V M W D J R N E M
A O R G U G U C E M Q J J I T H A H U
L H E W J F X C Y Z O V P E N M U I M
M G T P N B A L L V I J I V B O F O J
T N R L Z B S T R C O L W U G C K J J
B U E S A Z L D F G N N O E G K L N C
U H I O Z Z F M M I U Q R P R H A G T
E C G P N J Q A B P Q I N H P O E D L
S U N W W X T P D B C D R M Q A R D J
I S I C G P D Y B H F Q Q E Y M U Q L
A H F V N Q M S T N Q T Z N H J N Q Z
E C T Z P B T S W W F M Z E N L G H O
C R R Y S A A E B M L V Q C K C P Y D
C U O U B R F G D E H J M Q J T E W K
R D T E Z G J N R W J Z H I D U L O F
U U A T P V V E R B R E C H E R O H A
G S T Z E L O T S I P K L M S F A K R
Z G F Y T M X T T J V G S F C N H F V
M S J Q R U C B G X W L M Q H Y C G D
```

Gefundene Wörter: GESTAENDNIS, LEICHENSTARRE, VERBRECHER, PISTOLE (ELOTSIP), ERGEBNIS, GRUNDRISS, AUFKLAERUNG

```
N E W C A L I B I Z E U G E M N P R D
S K R Y R M F D J F P E F E J M F Z H
L B O H S T K R G Y A E E I V V E S I
S T A A T S A N W A L T W Y Y T S S D
H X X H H M D T U K I I E L P H T D U
R G Q S N X C Z W K M W V Z Y D N X C
A T O Q W P F Z W A B F M G Q M A Z O
U H X X P V H F A N F M L R P J H Y E
S Z J G R S Y T A W R F I S S J M B W
C R G O W V Z B Q J E D E A X O E C D
H W B S I L C Z I S N U L Q J H V O W
G Q L P E B U J Q U L G K T O N M X L
I Z E U G E N B E F R A G U N G Z M Y
F V G N U H C A W R E B E U O E D I V
T P D T K Y A P R Y F X J W R I V J T
Z M G R W Z M C M J E X V C R K M H H
O I M S Z A N E U O N Q N Z N E N R W
X J I N F S J I J S O T P I I G H H Z
Y G K I H R T M A R R N B A D U D W G
R C A E O I B N B H T E O S F G C G R
G W P L A V Y B U E A E A T O B P I O
Z J Z M J Z B V U W P G U S J N R H H
G X Y L V Q T K C E S H H S J A I L Z
C X N D R B F C B G H B D K C W L P G
```

6

PATRONE

STAATSANWALT

ZEUGENBEFRAGUNG

GEWEHR

MAFIA

ALIBIZEUGE

TATWAFFE

FESTNAHME

VIDEOUEBERWACHUNG

RAUSCHGIFT

Lösung

N	E	W	C	A	L	I	B	I	Z	E	U	G	E	M	N	P	R	D
S	K	R	Y	R	M	F	D	J	F	P	E	F	E	J	M	F	Z	H
L	B	O	H	S	T	K	R	G	Y	A	E	E	I	V	V	E	S	I
S	T	A	A	T	S	A	N	W	A	L	T	W	Y	Y	T	S	S	D
H	X	X	H	H	M	D	T	U	K	I	I	E	L	P	H	T	D	U
R	G	Q	S	N	X	C	Z	W	K	M	W	V	Z	Y	D	N	X	C
A	T	O	Q	W	P	F	Z	W	A	B	F	M	G	Q	M	A	Z	O
U	H	X	X	P	V	H	F	A	N	F	M	L	R	P	J	H	Y	E
S	Z	J	G	R	S	Y	T	A	W	R	F	I	S	S	J	M	B	W
C	R	G	O	W	V	Z	B	Q	J	E	D	E	A	X	O	E	C	D
H	W	B	S	I	L	C	Z	I	S	N	U	L	Q	J	H	V	O	W
G	Q	L	P	E	B	U	J	Q	U	L	G	K	T	O	N	M	X	L
I	Z	E	U	G	E	N	B	E	F	R	A	G	U	N	G	Z	M	Y
F	V	G	N	U	H	C	A	W	R	E	B	E	U	O	E	D	I	V
T	P	D	T	K	Y	A	P	R	Y	F	X	J	W	R	I	V	J	T
Z	M	G	R	W	Z	M	C	M	J	E	X	V	C	R	K	M	H	H
O	I	M	S	Z	A	N	E	U	O	N	Q	N	Z	N	E	N	R	W
X	J	I	N	F	S	J	I	J	S	O	T	P	I	I	G	H	H	Z
Y	G	K	I	H	R	T	M	A	R	R	N	B	A	D	U	D	W	G
R	C	A	E	O	I	B	N	B	H	T	E	O	S	F	G	C	G	R
G	W	P	L	A	V	Y	B	U	E	A	E	A	T	O	B	P	I	O
Z	J	Z	M	J	Z	B	V	U	W	P	G	U	S	J	N	R	H	H
G	X	Y	L	V	Q	T	K	C	E	S	H	H	S	J	A	I	L	Z
C	X	N	D	R	B	F	C	B	G	H	B	D	K	C	W	L	P	G

```
K  W  O  N  I  G  J  H  E  E  D  P  O  B  L  V  B  P  G
H  T  R  J  Q  C  I  K  L  P  C  T  Y  E  W  P  V  O  K
Z  Z  L  O  W  Y  H  H  I  M  A  N  R  D  H  J  V  C  O
P  E  F  Y  R  T  P  E  J  Z  W  Z  R  B  B  W  M  Y  N
C  Q  N  V  S  N  Z  M  B  E  B  U  U  I  U  A  R  R  F
T  T  E  W  Q  V  T  Q  X  V  Q  F  C  A  D  H  U  B  A
K  Z  S  I  G  N  E  A  F  E  G  D  U  I  U  E  T  S
T  I  L  Z  W  B  M  Y  N  B  Y  Q  K  U  I  D  X  I  I
N  T  T  T  M  H  F  V  H  H  O  K  B  D  R  S  J  J  G
D  S  I  F  X  D  G  J  O  D  L  J  L  O  P  E  B  K  H
T  U  V  A  N  U  L  X  L  N  Y  Q  H  S  N  U  U  M  W
S  J  M  H  T  X  U  I  X  G  N  U  L  T  T  I  M  R  E
A  S  A  Z  H  G  W  Y  B  E  N  I  Q  U  E  D  F  F  X
C  S  J  T  C  X  X  R  G  G  M  Z  I  V  Q  F  K  L  L
O  V  N  U  A  I  Q  O  T  M  E  N  X  W  I  B  L  O  H
T  Z  G  H  D  D  Z  B  K  T  E  G  W  Q  A  R  S  Z
V  C  I  C  R  S  I  H  R  B  S  E  M  Q  F  B  W  Z  F
V  S  E  S  E  W  H  U  M  V  V  I  E  S  Y  V  L  J  G
R  I  L  X  V  A  W  B  V  U  R  O  E  F  P  R  B  A  K
R  E  A  N  I  M  A  T  I  O  N  D  X  E  T  U  R  W  Z
B  B  O  I  Y  Q  K  G  X  H  O  P  L  G  K  V  L  Z  N
K  O  B  E  A  I  W  L  A  T  Y  D  K  Q  T  E  D  M  I
X  K  B  E  W  E  I  S  E  K  H  R  F  B  A  F  X  E  G
L  R  T  P  Y  G  I  T  E  A  T  L  A  W  E  G  C  H  N
```

TODESFALL   BEDROHUNG
REANIMATION   VERDACHT
BEWEISE   GEWALTAETIG
GEFAENGNIS   JUSTIZ
ERMITTLUNG   SCHUTZHAFT

Lösung

```
K W O N I G J H E E D P O B L V B P G
H T R J Q C I K L P C T Y E W P V O K
Z Z L O W Y H H I M A N R D H J V C O
P E F Y R T P E J Z W Z R B B W M Y N
C Q N V S N Z M B E B U U I U A R R F
T T E W Q V T Q X V Q F C A D H U B A
K Z S I N G N E A F E G D U I U E T S
T I L Z W B M Y N B Y Q K U I D X I I
N T T T M H F V H H O K B D R S J J J
D S I F X D G J O D L J L O P E B K H
T U V A N U L X L N Y Q H S N U U M W
S J M H T X U I X G N U L T T I M R E
A S A Z H G W Y B E N I Q U E D F F X
C S J T C X X R G G M Z I V Q F K L L
O V N U A I Q O T M E N X W I B L O H
T Z G H D D Z B K T G E G W Q A R S Z
V C I C R S I H R B S E M Q F B W Z F
V S E S E W H U M V V I E S Y V L J G
R I L X V A W B V U R O E F P R B A K
R E A N I M A T I O N D X E T U R W Z
B B O I Y Q K G X H O P L G K V L Z N
K O B E A I W L A T Y D K Q T E D M I
X K B E W E I S E K H R F B A F X E G
L R T P Y G I T E A T L A W E G C H N
```

1

```
I  R  L  F  T  N  C  N  C  Z  F  D  R  C  S  Z  F  S  K
A  D  C  E  G  Y  C  I  U  A  C  W  D  N  H  P  L  J  L
I  V  C  W  Q  D  A  L  B  J  M  U  A  W  L  V  L  A  K
F  F  F  B  F  M  O  T  Q  E  N  E  T  R  C  K  E  K  Q
G  Z  B  N  O  A  S  A  U  G  W  R  E  Q  U  O  N  E  N
W  L  Q  L  N  U  D  W  G  A  G  N  L  A  V  N  M  F
O  Q  U  Q  N  L  U  I  V  D  D  E  T  B  I  X  U  B  D
X  J  Z  W  H  W  M  D  B  U  K  M  R  R  P  V  T  M  M
Z  I  Q  J  E  U  K  A  B  I  X  A  A  T  A  L  T  Z  V
E  S  R  R  E  R  Q  K  G  Y  O  L  E  Q  S  Q  H  W  U
U  F  F  T  D  F  J  K  N  W  E  E  G  Y  F  V  C  W  Y
G  P  U  Y  H  S  Z  T  U  M  K  A  E  B  E  K  U  K  N
E  J  N  Y  Y  A  G  U  R  S  R  Q  V  C  L  J  A
N  P  K  J  L  K  J  G  H  N  O  Z  G  U  R  Z  F  D  T
S  B  R  K  E  R  I  L  E  U  B  J  Y  X  O  D  E  N  Y
C  O  R  N  M  E  M  G  U  H  S  D  Y  E  Z  K  E  W  T
H  D  Z  N  B  D  P  D  F  I  E  V  W  B  T  S  P  P  J
U  L  S  P  J  I  O  U  S  E  R  C  R  A  H  W  P  V  U
T  C  O  B  H  T  Y  O  I  Z  V  S  Q  S  X  P  O  G  F
Z  R  K  O  T  J  A  I  E  I  A  R  H  A  Y  X  Z  I  B
V  Y  S  F  N  F  R  R  W  L  T  T  T  W  Z  M  Q  J  X
G  S  I  U  P  M  S  J  E  O  I  X  S  W  T  X  T  K  Y
K  G  A  X  C  Y  F  V  B  P  O  M  O  T  I  V  M  H  J
E  C  H  I  B  F  G  M  C  U  N  U  X  T  G  N  B  X  V
```

ZEUGENSCHUTZ

MAULWURF

POLIZEIHUND

FLUCHTTUNNEL

DATENTRAEGER

OBSERVATION

MOTIV

GIFTTOD

WUERGEMALE

BEWEISFUEHRUNG

Lösung

```
I R L F T N C N C Z F D R C S Z F S K
A D C E G Y C I U A C W D N H P L J L
I V C W Q D A L B J M U A W L V L A K
F F F B F M O T Q E N E T R C K E K Q
G Z B N O A S A U G W R E Q U O N E N
W L Q L N U D W G A G G N L A V N M F
O Q U Q N L U I V D D E T B I X U B D
X J Z W H W M D B U K M R R P V T M M
Z I Q J E U K A B I X A A T A L T Z V
E S R R E R Q K G Y O L E Q S Q H W U
U F F T D F J K N W E E G Y F V C W Y
G P U Y H S Z T U M K A E B E K U K N
E J N Y Y A G U R D R S R Q V C L J A
N P K J L K J G H N O Z G U R Z F D T
S B R K E R I L E U B J Y X O D E N Y
C O R N M E M G U H S D Y E Z K E W T
H D Z N B D P D F I E V W B T S P P J
U L S P J I O U S E R C R A H W P V U
T C O B H T Y O I Z V S Q S X P O G F
Z R K O T J A I E I A R H A Y X Z I B
V Y S F N F R R W L T T T W Z M Q J X
G S I U P M S J E O I X S W T X T K Y
K G A X C Y F V B P O M O T I V M H J
E C H I B F G M C U N U X T G N B X V
```

```
T  Q  H  R  V  J  T  V  N  S  D  R  H  N  L  S  T  V  U
A  F  L  A  J  I  T  M  A  C  G  K  D  I  W  U  I  U  J
I  T  S  R  I  X  L  G  G  P  J  F  N  G  Q  X  E  L  T
A  P  F  S  X  V  K  K  F  Q  W  P  A  X  K  G  I  Y  I
Q  G  H  R  P  R  S  X  N  D  F  L  T  C  O  Y  I  Q  E
C  C  B  F  E  M  F  I  Y  R  U  N  S  M  D  B  F  D  Z
T  B  H  G  B  C  L  N  D  V  L  U  L  I  L  Z  V  O  T
X  W  G  Z  P  E  H  T  A  K  L  D  L  I  T  X  W  T  A
N  F  N  D  P  G  M  E  M  M  H  A  I  W  E  V  Y  T  T
O  D  C  W  Z  L  R  N  R  Z  T  O  T  O  Y  I  D  R  P
I  O  K  G  X  W  F  S  I  C  K  A  S  A  F  L  C  B  A
T  D  S  G  C  P  A  I  Y  U  H  O  M  K  K  B  B  V  L
I  B  M  D  Y  N  Q  V  B  Q  D  E  E  X  P  S  C  S  K
N  Q  E  Y  U  U  E  T  O  C  U  N  T  O  B  I  H  J  O
U  I  S  M  Z  I  L  A  O  R  U  O  A  T  G  V  O  Q  H
M  H  N  E  J  I  J  E  T  V  L  Y  R  A  S  M  L  M  O
A  D  K  S  Q  U  F  T  X  S  B  S  Z  O  M  S  O  U  L
C  Q  N  W  O  X  A  E  U  E  T  V  M  Y  V  G  R  M  I
L  I  J  R  X  V  R  R  A  G  V  N  F  S  S  Z  B  K  S
L  P  Z  L  A  N  T  E  F  F  A  W  S  S  U  H  C  S  I
A  P  H  Y  Y  I  P  H  P  B  F  K  I  B  J  X  U  L  E
F  F  R  O  N  Z  T  D  N  K  O  M  M  I  S  S  A  R  R
U  C  W  D  T  V  N  E  Z  R  Q  I  C  F  I  S  K  W  T
Z  G  R  I  G  A  T  Y  O  F  N  J  L  R  O  S  E  R  T
```

MUNITION

DNA

RECHERCHE

SCHUSSWAFFE

ATEMSTILLSTAND

ALKOHOLISIERT

TATZEIT

KOMMISSAR ZUFALL

TRESOR

INTENSIVTAETER

Lösung

```
T Q H R V J T V N S D R H N L S T V U
A F L A J I T M A C G K D I W U I U J
I T S R I X L G G P J F N G Q X E L T
A P F S X V K K F Q W P A X K G I Y I
Q G H R P R S X N D F L T C O Y I Q E
C C B F E M F I Y R U N S M D B F D Z
T B H G B C L N D V L U L I L Z V O T
X W G Z P E H T A K L D L I T X W T A
N F N D P G M E M M H A I W E V Y T
O D C W Z L R N R Z T O T O Y I D R P
I O K G X W F S I C K A S A F L C B A
T D S G C P A I Y U H O M K K B B V L
I B M D Y N Q V B Q D E E X P S C S K
N Q E Y U U E T O C U N T O B I H J O
U I S M Z I L A O R U O A T G V O Q H
M H N E J I J E T V L Y R A S M L M O
A D K S Q U F T X S B S Z O M S O U L
C Q N W O X A E U E T V M Y V G R M I
L I J R X V R A G V N F S S Z B K S
L P Z L A N T E F F A W S S U H C S I
A P H Y Y I P H P B F K I B J X U L E
F F R O N Z T D N K O M M I S S A R R
U C W D T V N E Z R Q I C F I S K W T
Z G R I G A T Y O F N J L R O S E R T
```

L	X	P	P	Y	Y	I	X	E	M	L	N	J	S	U	R	F	R	J
Y	V	W	C	D	J	Q	L	S	U	Q	B	R	E	F	T	M	Y	X
C	B	A	I	V	R	L	S	Y	F	N	B	L	S	X	C	U	S	U
H	L	L	W	Q	E	A	T	L	J	E	O	V	P	J	V	H	U	P
V	C	G	S	R	I	S	H	A	H	I	S	E	U	R	Z	C	M	Q
E	T	M	M	T	P	T	Y	N	T	Z	H	U	T	Q	X	N	D	A
H	F	E	D	Q	U	T	U	A	Q	I	Q	H	F	V	X	O	K	F
R	V	J	I	Q	Y	E	W	L	G	D	M	R	F	I	L	V	J	L
E	R	A	G	N	N	J	F	L	S	N	N	M	V	N	I	S	A	G
N	G	P	D	R	D	Q	U	A	P	I	W	M	W	A	G	N	L	N
M	N	M	J	U	D	F	U	F	U	K	H	K	U	S	A	I	L	U
O	U	J	R	W	D	N	P	Y	R	I	K	H	U	K	D	B	H	H
R	K	C	U	R	K	U	N	D	E	W	V	N	S	Y	B	E	G	C
D	C	C	N	P	Z	N	D	N	N	G	L	S	R	I	H	E	I	S
Y	I	N	R	A	W	T	G	P	S	C	U	V	T	E	O	I	P	L
F	T	U	K	W	W	Y	J	Z	U	H	N	I	O	P	X	Z	L	E
R	S	S	L	W	C	F	A	R	C	K	C	O	R	O	E	E	Y	A
Y	R	I	Q	M	T	Y	E	S	H	T	C	O	E	L	V	L	E	F
A	E	X	V	P	E	F	T	J	E	P	F	I	F	Q	V	X	I	A
V	R	B	N	T	Q	B	P	L	D	I	M	Q	S	M	W	X	I	L
N	G	Q	U	C	W	F	W	I	L	N	W	Z	Q	S	H	X	I	O
S	C	E	H	C	W	C	H	I	Q	S	G	A	U	Q	Z	C	J	F
K	B	R	V	N	I	Z	N	O	H	P	Q	C	C	K	L	P	S	M
R	F	Z	J	E	P	G	K	U	D	U	T	D	C	E	H	H	U	P

10

FAELSCHUNG
EHRENMORD
SPURENSUCHE
ERSTICKUNG
INDIZIEN

URKUNDE
SCHUSSKANAL
BEUTE
FALLANALYSE
GEOPROFILING

Lösung

L	X	P	P	Y	Y	I	X	E	M	L	N	J	S	U	R	F	R	J
Y	V	W	C	D	J	Q	L	S	U	Q	B	R	E	F	T	M	Y	X
C	B	A	I	V	R	L	S	Y	F	N	B	L	S	X	C	U	S	U
H	L	L	W	Q	E	A	T	L	J	E	O	V	P	J	V	H	U	P
V	C	G	S	R	I	S	H	A	H	I	S	E	U	R	Z	C	M	Q
E	T	M	M	T	P	T	Y	N	T	Z	H	U	T	Q	X	N	D	A
H	F	E	D	Q	U	T	U	A	Q	I	Q	H	F	V	X	O	K	F
R	V	J	I	Q	Y	E	W	L	G	D	M	R	F	I	L	V	J	L
E	R	A	G	N	N	J	F	L	S	N	N	M	V	N	I	S	A	G
N	G	P	D	R	D	Q	U	A	P	I	W	M	W	A	G	N	L	N
M	N	M	J	U	D	F	U	F	U	K	H	K	U	S	A	I	L	U
O	U	J	R	W	D	N	P	Y	R	I	K	H	U	K	D	B	H	H
R	K	C	U	R	K	U	N	D	E	W	V	N	S	Y	B	E	G	C
D	C	C	N	P	Z	N	D	N	N	G	L	S	R	I	H	E	I	S
Y	I	N	R	A	W	T	G	P	S	C	U	V	T	E	O	I	P	L
F	T	U	K	W	W	Y	J	Z	U	H	N	I	O	P	X	Z	L	E
R	S	S	L	W	C	F	A	R	C	K	C	O	R	O	E	E	Y	A
Y	R	I	Q	M	T	Y	E	S	H	T	C	O	E	L	V	L	E	F
A	E	X	V	P	E	F	T	J	E	P	F	I	F	Q	V	X	I	A
V	R	B	N	T	Q	B	P	L	D	I	M	Q	S	M	W	X	I	L
N	G	Q	U	C	W	F	W	I	L	N	W	Z	Q	S	H	X	I	O
S	C	E	H	C	W	C	H	I	Q	S	G	A	U	Q	Z	C	J	F
K	B	R	V	N	I	Z	N	O	H	P	Q	C	C	K	L	P	S	M
R	F	Z	J	E	P	G	K	U	D	U	T	D	C	E	H	H	U	P

```
B  I  S  S  S  P  U  R  D  Q  H  Q  D  H  D  G  M  N  Q
S  L  A  B  O  R  S  I  H  W  V  A  N  T  K  U  P  H  Y
K  O  Z  W  S  D  H  L  E  Y  E  W  E  O  I  L  K  C  T
S  R  Y  U  K  P  O  P  O  W  O  W  M  H  T  E  V  G  C
W  U  H  L  N  W  E  B  S  L  Q  A  Y  D  K  I  I  J  Q
T  P  N  C  L  E  B  J  V  U  Z  D  K  K  N  C  S  D  D
Z  U  W  W  H  N  K  H  D  E  P  A  Y  L  L  H  P  D  H
F  O  W  R  H  D  W  I  Z  G  W  V  C  T  E  E  B  V  Q
R  E  T  G  I  D  L  U  H  C  S  E  B  U  I  N  G  W  I
E  T  D  X  Z  D  N  I  R  P  K  B  G  J  C  F  X  D  I
H  N  K  S  K  O  R  R  U  P  T  I  O  N  H  U  I  A  S
O  P  I  U  P  E  W  G  W  S  D  J  R  U  E  N  C  T  B
Y  W  W  C  U  K  C  D  K  E  O  J  B  F  N  D  Z  E  H
O  Q  I  T  Y  J  L  M  S  E  C  Q  U  T  I  O  D  J  G
R  B  O  B  K  B  J  L  D  L  I  C  A  K  N  R  Z  N  P
P  L  P  O  R  B  U  A  Y  A  M  E  K  Z  S  T  H  S  Z
A  N  S  Q  Q  U  A  M  E  D  Y  L  V  R  E  N  P  F  J
Y  Q  O  J  U  Y  I  H  I  I  J  K  H  Z  K  M  P  H  R
R  N  Y  I  Q  Z  L  V  S  F  V  D  V  H  T  D  G  K  N
G  N  U  D  N  H  A  F  R  E  T  S  A  R  E  U  D  Q  Y
H  Z  E  V  Q  S  K  Y  D  A  S  M  X  I  N  U  O  Y  K
Z  W  M  E  S  S  E  R  W  Z  H  E  W  D  P  A  V  E  L
J  R  U  T  O  D  E  S  U  R  S  A  C  H  E  B  Y  N  W
T  N  C  C  O  U  Z  J  E  D  F  D  C  X  D  E  L  Y  Y
```

LEICHENINSEKTEN
AMOK
MESSER
TODESURSACHE
BESCHULDIGTER

RASTERFAHNDUNG
LEICHENFUNDORT
LABOR
BISSSPUR
KORRUPTION

131

Lösung

B	I	S	S	S	P	U	R	D	Q	H	Q	D	H	D	G	M	N	Q
S	L	A	B	O	R	S	I	H	W	V	A	N	T	K	U	P	H	Y
K	O	Z	W	S	D	H	L	E	Y	E	W	E	O	I	L	K	C	T
S	R	Y	U	K	P	O	P	O	W	O	W	M	H	T	E	V	G	C
W	U	H	L	N	W	E	B	S	L	Q	A	Y	D	K	I	I	J	Q
T	P	N	C	L	E	B	J	V	U	Z	D	K	K	N	C	S	D	D
Z	U	W	W	H	N	K	H	D	E	P	A	Y	L	L	H	P	D	H
F	O	W	R	H	D	W	I	Z	G	W	V	C	T	E	E	B	V	Q
R	E	T	G	I	D	L	U	H	C	S	E	B	U	I	N	G	W	I
E	T	D	X	Z	D	N	I	R	P	K	B	G	J	C	F	X	D	I
H	N	K	S	K	O	R	R	U	P	T	I	O	N	H	U	I	A	S
O	P	I	U	P	E	W	G	W	S	D	J	R	U	E	N	C	T	B
Y	W	W	C	U	K	C	D	K	E	O	J	B	F	N	D	Z	E	H
O	Q	I	T	Y	J	L	M	S	E	C	Q	U	T	I	O	D	J	G
R	B	O	B	K	B	J	L	D	L	I	C	A	K	N	R	Z	N	P
P	L	P	O	R	B	U	A	Y	A	M	E	K	Z	S	T	H	S	Z
A	N	S	Q	Q	U	A	M	E	D	Y	L	V	R	E	N	P	F	J
Y	Q	O	J	U	Y	I	H	I	I	J	K	H	Z	K	M	P	H	R
R	N	Y	I	Q	Z	L	V	S	F	V	D	V	H	T	D	G	K	N
G	N	U	D	N	H	A	F	R	E	T	S	A	R	E	U	D	Q	Y
H	Z	E	V	Q	S	K	Y	D	A	S	M	X	I	N	U	O	Y	K
Z	W	M	E	S	S	E	R	W	Z	H	E	W	D	P	A	V	E	L
J	R	U	T	O	D	E	S	U	R	S	A	C	H	E	B	Y	N	W
T	N	C	C	O	U	Z	J	E	D	F	D	C	X	D	E	L	Y	Y

```
J  F  W  E  N  G  T  S  P  T  G  F  W  E  O  D  Q  I  R
A  Y  B  Z  U  C  T  A  E  X  M  S  X  O  C  C  X  G  S
Z  V  K  X  Z  O  V  H  T  Z  G  J  A  E  J  D  U  P  J
H  Z  C  B  H  D  U  D  N  V  V  N  W  Q  C  V  E  V  Z
O  V  R  C  L  C  K  U  H  M  O  L  M  X  X  F  V  N  S
Z  W  H  N  L  U  E  M  G  B  R  R  T  J  A  D  L  P  Z
E  T  S  A  N  E  T  N  D  I  T  O  W  R  M  E  V  Z  U
T  E  O  C  J  D  I  S  G  M  R  O  T  U  W  L  L  Z  E
V  S  I  T  W  T  S  C  P  I  J  S  A  R  R  A  D  W  B
P  M  E  N  S  F  V  S  H  R  Q  B  W  M  X  F  L  Y  E
T  M  D  T  B  C  F  E  O  E  I  X  I  V  B  A  F  P  R
R  H  P  E  R  R  H  K  X  P  N  T  N  T  U  J  F  S  F
D  O  W  K  Q  O  U  L  K  F  C  F  Z  R  A  U  B  M  A
E  X  O  G  U  Y  B  C  A  G  L  P  L  E  T  T  J  F  L
G  Q  Z  B  X  E  I  A  H  G  F  Y  J  E  R  X  F  D  L
Y  X  K  X  U  K  B  U  L  K  F  N  Q  C  C  I  T  L  F
J  D  H  J  R  W  F  A  C  R  O  V  V  O  R  K  L  S  G
M  L  W  L  O  S  D  V  Q  I  B  P  U  G  V  Q  E  O  T
B  W  A  A  R  L  K  Y  T  X  H  Z  U  U  Y  J  X  G  Q
B  A  K  G  Z  H  F  K  G  V  U  Z  X  R  H  P  N  K  B
E  L  V  Z  E  Z  U  V  M  T  C  E  R  U  D  F  A  C  Z
X  O  C  H  Z  D  Q  M  B  T  F  Z  E  J  N  P  C  I  A
J  P  N  Z  B  P  O  P  T  O  F  L  I  G  H  H  W  A  A
C  T  M  O  N  X  R  K  X  Y  B  S  M  I  C  P  T  T  T
```

12

STRAFE
ZUGRIFF
TOTSCHLAG
TATVORWURF
LEICHENFLECKE

BLUTSPRITZER
LABORTEST
EINBRUCH
OBDUKTION
UEBERFALL

Lösung

```
J F W E N G T S P T G F W E O D Q I R
A Y B Z U C T A E X M S X O C C X G S
Z V K X Z O V H T Z G J A E J D U P J
H Z C B H D U D N V V N W Q C V E V Z
O V R C L C K U H M O L M X X F V N S
Z W H N L U E M G B R R T J A D L P Z
E T S A N E T N D I T O W R M E V Z U
T E O C J D I S G M R O T U W L L Z E
V S I T W T S C P I J S A R R A D W B
P M E N S F V S H R Q B W M X F L Y E
T M D T B C F E O E I X I V B A F P R
R H P E R R H K X P N T N T U J F S F
D O W K Q O U L K F C F Z R A U B M A
E X O G U Y B C A G L P L E T T J F L
G Q Z B X E I A H G F Y J E R X F D L
Y X K X U K B U L K F N Q C C I T L F
J D H J R W F A C R O V V O R K L S G
M L W L O S D V Q I B P U G V Q E O T
B W A A R L K Y T X H Z U U Y J X G Q
B A K G Z H F K G V U Z X R H P N K B
E L V Z E Z U V M T C E R U D F A C Z
X O C H Z D Q M B T F Z E J N P C I A
J P N Z B P O P T O F L I G H H W A A
C T M O N X R K X Y B S M I C P T T T
```

J	W	Y	I	E	X	P	A	G	L	O	G	F	G	T	W	Z	D	Z
A	G	V	S	Z	Z	P	P	O	Y	A	E	S	C	Y	Y	J	O	J
C	N	D	U	U	J	Q	E	I	T	G	E	M	V	K	N	V	T	V
S	S	G	D	M	N	M	I	P	D	D	O	F	A	Z	Q	Z	P	I
Q	K	L	I	S	O	A	R	D	H	V	V	T	J	E	O	D	I	R
D	Z	A	D	Y	X	T	O	F	W	E	M	Y	R	L	Q	C	A	D
Q	G	S	N	O	P	N	E	S	R	X	S	A	Z	K	F	M	W	I
W	Y	S	A	Y	U	A	H	S	B	V	E	S	V	U	N	O	I	T
M	N	C	G	V	E	L	T	U	D	X	G	H	N	X	Y	R	N	U
R	I	H	O	V	I	E	S	H	C	L	A	E	F	P	K	E	M	X
R	P	E	Q	P	C	I	G	S	O	E	H	V	P	N	Q	S	N	N
R	X	R	K	K	R	C	N	U	C	L	J	O	U	R	H	O	E	N
V	T	B	Z	R	A	I	U	I	F	X	O	A	F	T	P	Z	T	U
P	R	E	T	C	H	F	D	Z	Y	G	D	G	A	M	Y	I	U	E
V	Y	N	E	D	X	C	N	I	U	I	F	P	I	E	C	A	L	X
Y	D	F	W	Q	W	C	I	D	E	Z	O	X	M	E	O	L	B	C
S	H	U	F	U	R	A	B	B	F	H	Z	H	Q	T	A	I	R	G
G	J	Q	L	L	H	D	S	D	C	J	R	F	I	R	S	S	E	V
H	G	I	J	Q	Q	T	M	Y	T	G	X	N	M	D	Q	I	V	K
R	O	T	N	L	A	V	S	U	H	N	X	J	M	U	N	E	B	A
K	P	F	Y	H	S	P	X	W	H	Q	B	L	V	P	H	R	V	D
Z	A	B	L	Y	H	A	M	V	R	E	T	L	O	F	N	U	C	T
N	Q	U	C	B	C	V	Q	M	H	I	J	G	W	L	H	N	A	K
B	V	L	Z	C	K	Q	V	L	R	C	Q	P	F	Z	V	G	U	A

13

PSYCHOPATH
VERSTECK
BINDUNGSTHEORIE
PATHOLOGIE
FOLTER

GLASSCHERBEN
SUIZID
DIEBSTAHL
RESOZIALISIERUNG
VERBLUTEN

J	W	Y	I	E	X	P	A	G	L	O	G	F	G	T	W	Z	D	Z
A	G	V	S	Z	Z	P	P	O	Y	A	E	S	C	Y	Y	J	O	J
C	N	D	U	U	J	Q	E	I	T	G	E	M	V	K	N	V	T	V
S	S	G	D	M	N	M	I	P	D	D	O	F	A	Z	Q	Z	P	I
Q	K	L	I	S	O	A	R	D	H	V	V	T	J	E	O	D	I	R
D	Z	A	D	Y	X	T	O	F	W	E	M	Y	R	L	Q	C	A	D
Q	G	S	N	O	P	N	E	S	R	X	S	A	Z	K	F	M	W	I
W	Y	S	A	Y	U	A	H	S	B	V	E	S	V	U	N	O	I	T
M	N	C	G	V	E	L	T	U	D	X	G	H	N	X	Y	R	N	U
R	I	H	O	V	I	E	S	H	C	L	A	E	F	P	K	E	M	X
R	P	E	Q	P	C	I	G	S	O	E	H	V	P	N	Q	S	N	N
R	X	R	K	K	R	C	N	U	C	L	J	O	U	R	H	O	E	N
V	T	B	Z	R	A	I	U	I	F	X	O	A	F	T	P	Z	T	U
P	R	E	T	C	H	F	D	Z	Y	G	D	G	A	M	Y	I	U	E
V	Y	N	E	D	X	C	N	I	U	I	F	P	I	E	C	A	L	X
Y	D	F	W	Q	W	C	I	D	E	Z	O	X	M	E	O	L	B	C
S	H	U	F	U	R	A	B	B	F	H	Z	H	Q	T	A	I	R	G
G	J	Q	L	L	H	D	S	D	C	J	R	F	I	R	S	S	E	V
H	G	I	J	Q	Q	T	M	Y	T	G	X	N	M	D	Q	I	V	K
R	O	T	N	L	A	V	S	U	H	N	X	J	M	U	N	E	B	A
K	P	F	Y	H	S	P	X	W	H	Q	B	L	V	P	H	R	V	D
Z	A	B	L	Y	H	A	M	V	R	E	T	L	O	F	N	U	C	T
N	Q	U	C	B	C	V	Q	M	H	I	J	G	W	L	H	N	A	K
B	V	L	Z	C	K	Q	V	L	R	C	Q	P	F	Z	V	G	U	A

```
V D I Y A D V Z Q A N I J D E V F T H
Z I J Z W K X V Y C U A O D F P Q K T
S P I T Z E L F J D G F V B A O S K T
G Q U G F Q Q M S E P X S X R E V Z A
G N U R H E A W E B Z E O D T X W B A
D J Z P I Z R K P E A B M Z S Z Q F M
E E Q C C I G S R S G U G G S U X T G
V E M R X R Q O Q X M L F N T U I T P
E N A N K O U W X I A K B U I R I N X
D L U T X Q J Y F O O Y I R E J P T X
T Y P V H B V I W N L U Y H H H B L S
X O X B R C Z Z S X Q W V E I F U C V
J K Y Q K I U K H N W C G U E F Y F N
O V G U E J Q L O V F S W F R M Q X L
T A V R E S S A F H T I O T F I F P H
O G U G I Y D H R E L L E N I M I R K
G N K E C N A R E L O T F E Y C Q J K
G E X N F F P J E G T M Z L M U C T N
W M W W I N B F V A G Q O J U K E I Q
D H F A R S P Q Z D N Z M C G A T G Y
O D C F L M N N X V Q E F W M D D R H
S U N Y U T D B E S R C Z Y M D W W Z
B O C T E X E O N Y V J U C V F Z H D
E B S V B D H S N F O G K R R X K K O
```

FLUCHT   ZERO TOLERANCE

SPITZEL   ENTFUEHRUNG

MUMIFIZIERUNG   ASSERVAT

KRIMINELLER   FREIHEITSSTRAFE

BEWAEHRUNG   STUMPFE GEWALT

Lösung

```
V D I Y A D V Z Q A N I J D E V F T H
Z I J Z W K X V Y C U A O D F P Q K T
S P I T Z E L F J D G F V B A O S K T
G Q U G F Q Q M S E P X S X R E V Z A
G N U R H E A W E B Z E O D T X W B A
D J Z P I Z R K P E A B M Z S Z Q F M
E E Q C C I G S R S G U G G S U X T G
V E M R X R Q O Q X M L F N T U I T P
E N A N K O U W X I A K B U I R I N X
D L U T X Q J Y F O O Y I R E J P T X
T Y P V H B V I W N L U Y H H H B L S
X O X B R C Z Z S X Q W V E I F U C V
J K Y Q K I U K H N W C G U E F Y F N
O V G U E J Q L O V F S W F R M Q X L
T A V R E S S A F H T I O T F I F P H
O G U G I Y D H R E L L E N I M I R K
G N K E C N A R E L O T F E Y C Q J K
G E X N F F P J E G T M Z L M U C T N
W M W W I N B F V A G Q O J U K E I Q
D H F A R S P Q Z D N Z M C G A T G Y
O D C F L M N N X V Q E F W M D D R H
S U N Y U T D B E S R C Z Y M D W W Z
B O C T E X E O N Y V J U C V F Z H D
E B S V B D H S N F O G K R R X K K O
```

1

```
X F H X A W F F B D I D C E E O U B Q
H C Y K V V R E D O S B U T G S U G T
U Z X V I H T S H O C P A J I M Q R K
A Q E W Q R E G S F N P U I E K V Z I
W A D X U E F N V R W W U P M M D W X
N L L G H Z F U N E Z K R H E S T J R
G U T R T G A T N C Z H G M B K I T D
N Z D G W R W F E N N J I M N T W A P
U Y H C E N H I T H V R W V P O E I N
R I L B L H C T L C C N D N V J U N T
E E R A V R I S A I C Y B E R B G X S
I H F O E A T D H L P T U B V D V R I
S E S Y F J S N R G C I Y V I I A L D
I O F F A A G A E N D S R J G L U J A
L K O E R P E R V E R L E T Z U N G S
A W S S T L Z B T A G Q Y J Q V W Q F
N M Y Z S J R S A L X B T D B N X I S
I K S X S X Q T T S E Q E C C K M I O
M Q A C E S R K I N O I L S U S N Z X
I W W A D X Z V K E J L E C M W D B U
R S V A O Z M N G B J Z U O A O X A J
K A N X T H D U H E D R F P W O C I U
Y Y L B H W L T N L U R I I R W T J G
V Y B W I E Y R O F Y K Z X B A B O R
```

15

TODESSTRAFE
TATVERHALTEN
STICHWAFFE
LEBENSLAENGLICH
CYBER CRIME

KOERPERVERLETZUNG
SADIST
BETRUG
KRIMINALISIERUNG
BRANDSTIFTUNG

```
X F H X A W F F B D I D C E E O U B Q
H C Y K V V R E D O S B U T G S U G T
U Z X V I H T S H O C P A J I M Q R K
A Q E W Q R E G S F N P U I E K V Z I
W A D X U E F N V R W W U P M M D W X
N L L G H Z F U N E Z K R H E S T J R
G U T R T G A T N C Z H G M B K I T D
N Z D G W R W F E N N J I M N T W A P
U Y H C E N H I T H V R W V P O E I N
R I L B L H C T L C N D N V J U N T
E E R A V R I S A I C Y B E R B G X S
I H F O E A T D H L P T U B V D V R I
S E S Y F J S N R G C I Y V I I A L D
I O F F A A G A E N D S R J G L U J A
L K O E R P E R V E R L E T Z U N G S
A W S S T L Z B T A G Q Y J Q V W Q F
N M Y Z S J R S A L X B T D B N X I S
I K S X S X Q T T S E Q E C C K M I O
M Q A C E S R K I N O I L S U S N Z X
I W W A D X Z V K E J L E C M W D B U
R S V A O Z M N G B J Z U O A O X A J
K A N X T H D U H E D R F P W O C I U
Y Y L B H W L T N L U R I I R W T J G
V Y B W I E Y R O F Y K Z X B A B O R
```

```
J F F M C F F H Q K T N D Y I S A Y Q
X O K D H C G Q A F C M E N J T C W K
S P A Z I G C E N K Q L U T Z V P S U
V N P R N D A T B K E Y C V D G Y X C
T B P U G P C U E D O I U V V Z H W S
E C M V V E G U E Z N F T Y C B G H G
G E F A H R E N A B W E H R S S D S A
Z R R R J X W B M L K M Q U F H X C I
N A F S X A K B D A C Q M P I B E H O
J Q G A C Z G Q H N I L D G E I Q L D
T S E L L E N H C S P J Y T L G E H
E P M C C J W J M H E I F Y A P Q I I
F Z J T I T Q N Q P R M O P T Q B F R
F F J Y L Z C L W F J M P X F X A S N
T Z C K S Y Q M R G E V H A V M N P T
U Q V K Z U C H O N F W B P L S K U O
Q T G X T V T A I L C L Q C Q V R R D
I P K H N I B R B F H Z S M S O A E X
L X T H C U L F L L A F N U S L U N E
G V D F D Z X D D Q Y O W S O J B E Q
W W O L S G L Z B X D G U W M K T K I
M G J H Q I S K T J A Z J Q T M X E H
Q W A N Z E I G E P F L I C H T A J Y
F M O E V G R P Z M M S V D E F B B W
```

16

GEFAHRENABWEHR

AXT

SCHNELLTEST

BKA

ANZEIGEPFLICHT

BANKRAUB

ZEUGE

UNFALLFLUCHT

SCHLEIFSPUREN

HIRNTOD

```
J F F M C F F H Q K T N D Y I S A Y Q
X O K D H C G Q A F C M E N J T C W K
S P A Z I G C E N K Q L U T Z V P S U
V N P R N D A T B K E Y C V D G Y X C
T B P U G P C U E D O I U V V Z H W S
E C M V V E G U E Z N F T Y C B G H G
G E F A H R E N A B W E H R S S D S A
Z R R R J X W B M L K M Q U F H X C I
N A F S X A K B D A C Q M P I B E H O
J Q G A C Z G Q H N I L D G E I Q L D
T S E T L L E N H C S P J Y T L G E H
E P M C C J W J M H E I F Y A P Q I I
F Z J T I T Q N Q P R M O P T Q B F R
F F J Y L Z C L W F J M P X F X A S N
T Z C K S Y Q M R G E V H A V M N P T
U Q V K Z U C H O N F W B P L S K U O
Q T G X T V T A I L C L Q C Q V R R D
I P K H N I B R B F H Z S M S O A E X
L X T H C U L F L L A F N U S L U N E
G V D F D Z X D D Q Y O W S O J B E Q
W W O L S G L Z B X D G U W M K T K I
M G J H Q I S K T J A Z J Q T M X E H
Q W A N Z E I G E P F L I C H T A J Y
F M O E V G R P Z M M S V D E F B B W
```

```
Q Y T R V E V G U L O C V J N U H I T
V A I B Y Q K H D L X C U C W N T D H
F F N G W V M V Z E N G K Z C E R E W
S T E L L E N H R S E H O M F R B N E
V X Y U G G E D N U C E S O U G T W
E Z M J F V P Z D R S K R M S P G I B
B K Q H Q S T S A L G H P P T S G T X
Z Z O Q I Y T H A M D U E R I H R A V
D V R F P R Q R V E B K R A G C W E N
V N H L A H U T Z L H I S E M U M T M
J Y N F J Y O G T M P L P V A A S P D
X Q E Z N V C L U W Z G R E T M P L J
J W F O Q W A O C P X F A N I H L I I
A N U A F N E H C I E L C T S C U H Z
R C G V O X B T T M B B H I I S K W F
U Z O L R I P F N B V G E O E U D S A
B B D M Z S T Z R M X Q O N R G F R Q
U V K L F A L I Q Q V M K U M O W L
F C C P J F R I E M T Y F H N S K R N
P S P R E N G M I T T E L G G X J I Z
E K C E U R D B A R E G N I F N A N N
J R W B K M J E A N T X J H N X G Z W
C X K V V A M O I F U Y B H G M M I T
Y P I F D F W O D Q F V R N X Z T Y D
```

17

STIGMATISIERUNG
JUGENDSTRAFE
LEICHENFAUNA
STELLEN
KOERPERSPRACHE

IDENTITAET
SCHMAUCHSPUREN
PRAEVENTION
FINGERABDRUECKE
SPRENGMITTEL

Lösung

```
Q  Y  T  R  V  E  V  G  U  L  O  C  V  J  N  U  H  I  T
V  A  I  B  Y  Q  K  H  D  L  X  C  U  C  W  N  T  D  H
F  F  N  G  W  V  M  V  Z  E  N  G  K  Z  C  E  R  E  W
S  T  E  L  L  E  N  H  R  S  E  H  O  M  F  R  B  N  E
V  X  Y  U  G  G  G  E  D  N  U  C  E  S  O  U  G  T  W
E  Z  M  J  F  V  P  Z  D  R  S  K  R  M  S  P  G  I  B
B  K  Q  H  Q  S  T  S  A  L  G  H  P  P  S  G  T  X
Z  Z  O  Q  I  Y  T  H  A  M  D  U  E  R  I  H  R  A  V
D  V  R  F  P  R  Q  R  V  E  B  K  R  A  G  C  W  E  N
V  N  H  L  A  H  U  T  Z  L  H  I  S  E  M  U  M  T  M
J  Y  N  F  J  Y  O  G  T  M  P  L  P  V  A  A  S  P  D
X  Q  E  Z  N  V  C  L  U  W  Z  G  R  E  T  M  P  L  J
J  W  F  O  Q  W  A  O  C  P  X  F  A  N  I  H  L  I  I
A  N  U  A  F  N  E  H  C  I  E  L  C  T  S  C  U  H  Z
R  C  G  V  O  X  B  T  T  M  B  B  H  I  I  S  K  W  F
U  Z  O  L  R  I  P  F  N  B  V  G  E  O  E  U  D  S  A
B  B  D  M  Z  S  T  R  M  X  Q  O  N  R  G  F  R  Q
U  V  K  L  F  A  L  I  Q  Q  V  Q  M  K  U  M  O  W  L
F  C  C  P  J  F  R  I  E  M  T  Y  F  H  N  S  K  R  N
P  S  P  R  E  N  G  M  I  T  T  E  L  G  G  X  J  I  Z
E  K  C  E  U  R  D  B  A  R  E  G  N  I  F  N  A  N  N
J  R  W  B  K  M  J  E  A  N  T  X  J  H  N  X  G  Z  W
C  X  K  V  V  A  M  O  I  F  U  Y  B  H  G  M  M  I  T
Y  P  I  F  D  F  W  O  D  Q  F  V  R  N  X  Z  T  Y  D
```

```
A N Z E I G E V E R H A L T E N K Q I
E S U H V W S N D U F O P U G F Z F T
J A I E R P Y G U E I J E U A W I C S
J P J Q B L O Z X F F B J V P L X Y W
U K J O T E J L Y H E O E B R A F D H
U G U H T K R X I R Z R S P R Z C P J
N T J Z O R T W D Z L T G M E W U I I
Y T E J T G S O A E I V Y E F T I P C
X O P X X E S Q T C D S X G P X H F V
S L P T C I R Z V H H K T G O C Q S E
C H V Q E H U S L F G U R K P H E J R
X A D R N N C N S Y N X N I Q X H F B
L D U G U S Y Q H S T M G P S W O R
N N F P S T P S J Y Q F E J F O A J E
G Z P C M G I B N O X R K N S S W S C
Z T O T E N S C H E I N F L Q V I G H
Q K C J Y O Z X T U C Y V V B N V N E
H O J K Y G C X J F J R H V J Y D Y N
L L D U C H J R E Q L W X I K D I L V
B A Z F Y Y E Q S K D T J U L U O U S
P S P T M U E F Z D Z Y I R Z Z S P Y
N L S J B L K Z B J P I P J K K H H A
L H O F G D K X W B Q G W T C W V G O
D R O G E N D E L I K T Z Z C Q N Q B
```

ANZEIGEVERHALTEN
VERBRECHEN
OPFER
POLIZIST
UEBERWACHUNG

KRIPO
UEBERDOSIERUNG
TOTENSCHEIN
VERLETZUNG
DROGENDELIKT

Lösung

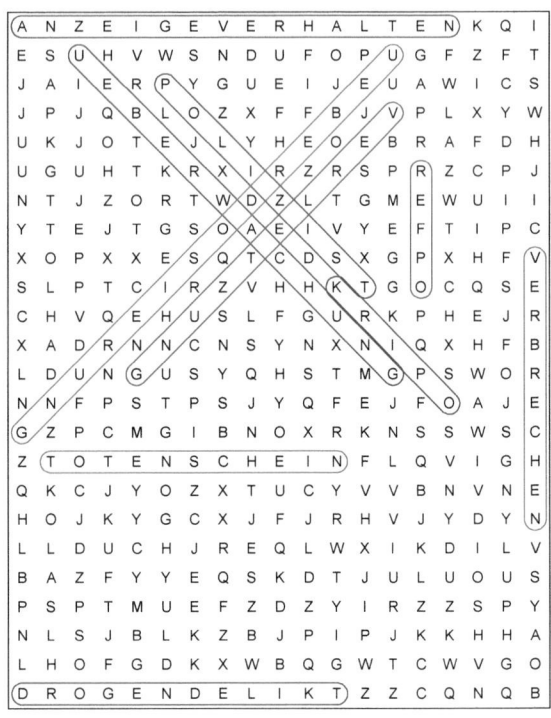

DAS

HALLOWEEN

WORTSUCHRÄTSEL BUCH

```
M T O C H J A Y L U R S G P N Z V R N
L E C C P O R N D O T X Y A B L K P P
H X U S C H A U M K U E S S E O Y M K
J T P Q G F B X W I U L M S E P U Z T
X J D T R V Z Q R S A Z S S B X M S H
D H B N L Y A U A D R Z R G Y Y M R Z
J I M E E D E N E I E R H C S E B Z V
C N S C D B T I A Z E H V X J Q H O D
T B N Y N F A H O E L L E N B R U T W
X S A Q I N U H O I I E P B Y B R F N
E E I S S I T M R O G E S M X S L P A
X N E E N A C H B A R S K I N D E R
D M N I G J K Z W X I V R F S L Q N Y
I K E J N N R T B O P W P Q U B S V R
R C H O E C E C N E B E L G R A U E N
S H Q U L C F L K X V R V Y K O Z H F
P H M E L U R B L G O W J R H L W Z O
A S H M E S S M E S D J K R H A E D
S Q H E O Y O Z R I O H S E P K D R V
S B K U H J Q Q B P I H L C W E A X E
V N T T H D X R I B M H H U R N K O O
E Q O S T O E H F Y O R V T X R S N F
K C R O C U T G A H P F Z F H R I X C
A V F K K G A Q T Y K B Z L N Q M I I
```

1

NACHBARSKINDER

HOELLENGESINDEL

HOHLER KUERBIS

SCHAUMKUESSE

KOSTUEME

HOELLENBRUT

NEBELGRAUEN

SPASS HABEN

HOELLENGEIST

SCHREIEN

Lösung

M	T	O	C	H	J	A	Y	L	U	R	S	G	P	N	Z	V	R	N
L	E	C	C	P	O	R	N	D	O	T	X	Y	A	B	L	K	P	P
H	X	U	S	C	H	A	U	M	K	U	E	S	S	E	O	Y	M	K
J	T	P	Q	G	F	B	X	W	I	U	L	M	S	E	P	U	Z	T
X	J	D	T	R	V	Z	Q	R	S	A	Z	S	S	B	X	M	S	H
D	H	B	N	L	Y	A	U	A	D	R	Z	R	G	Y	Y	M	R	Z
J	I	M	E	E	D	E	N	E	I	E	R	H	C	S	E	B	Z	V
C	N	S	C	D	B	T	I	A	Z	E	H	V	X	J	Q	H	O	D
T	B	N	Y	N	F	A	H	O	E	L	L	E	N	B	R	U	T	W
X	S	A	Q	I	N	U	H	O	I	I	E	P	B	Y	B	R	F	N
E	E	I	S	S	I	T	M	R	O	G	E	S	M	X	S	L	P	A
X	N	E	E	E	N	A	C	H	B	A	R	S	K	I	N	D	E	R
D	M	N	I	G	J	K	Z	W	X	I	V	R	F	S	L	Q	N	Y
I	K	E	J	N	N	R	T	B	O	P	W	P	Q	U	B	S	V	R
R	C	H	O	E	C	E	C	N	E	B	E	L	G	R	A	U	E	N
S	H	Q	U	L	C	F	L	K	X	V	R	V	Y	K	O	Z	H	F
P	H	M	E	L	U	R	B	L	G	O	W	J	R	H	L	W	Z	O
A	S	H	M	E	S	S	S	M	E	S	D	J	K	R	H	A	E	D
S	Q	H	E	O	Y	O	Z	R	I	O	H	S	E	P	K	D	R	V
S	B	K	U	H	J	Q	Q	B	P	I	H	L	C	W	E	A	X	E
V	N	T	T	H	D	X	R	I	B	M	H	H	U	R	N	K	O	O
E	Q	O	S	T	O	E	H	F	Y	O	R	V	T	X	R	S	N	F
K	C	R	O	C	U	T	G	A	H	P	F	Z	F	H	R	I	X	C
A	V	F	K	K	G	A	Q	T	Y	K	B	Z	L	N	Q	M	I	I

T	N	X	S	I	L	W	C	T	S	H	B	V	T	B	B	K	D	X
I	R	M	H	E	R	B	S	T	Q	Z	Y	S	V	Q	W	J	G	J
E	M	U	G	I	S	I	U	F	K	I	C	E	B	K	K	M	X	G
Z	J	H	B	M	S	C	H	A	T	T	E	N	K	K	S	P	Q	W
S	U	S	U	A	M	H	C	S	T	S	E	F	S	W	T	C	U	T
T	S	C	W	L	J	X	I	G	A	X	O	W	O	S	C	Z	B	L
H	A	K	I	O	A	U	E	O	G	C	F	Q	X	Z	N	D	K	Z
C	U	Y	O	M	V	R	Z	N	J	C	Z	J	F	F	E	G	A	F
A	B	Q	O	H	E	E	V	B	L	R	J	G	N	K	L	N	Y	P
N	V	G	P	G	E	C	E	S	N	V	R	S	O	G	E	W	E	F
H	G	F	F	O	T	B	I	X	Z	W	M	R	J	S	S	A	Q	L
I	G	U	Q	B	N	K	D	R	P	Z	A	R	E	D	R	X	K	D
E	A	L	V	V	R	Y	M	D	T	T	M	B	Z	R	H	R	M	R
W	H	F	L	N	E	A	O	B	I	P	N	L	C	W	D	I	J	D
R	S	O	I	W	O	P	S	O	K	E	V	V	E	U	I	H	U	Q
O	D	H	A	C	N	F	N	P	L	J	R	W	C	R	K	X	K	O
V	Z	V	R	E	K	E	Q	L	W	D	P	R	S	X	E	A	N	N
W	E	U	M	S	M	L	E	Q	K	U	L	V	P	I	U	K	D	W
Z	Z	P	B	W	W	O	U	Z	Y	Q	T	R	R	W	H	D	V	T
Y	P	O	Y	R	H	M	I	W	U	K	X	L	S	N	D	K	M	A
N	E	K	Y	I	O	U	W	I	W	E	M	M	Z	A	D	K	A	K
W	H	R	L	R	H	Z	S	Y	C	R	L	C	V	N	I	E	S	G
C	W	G	A	W	U	S	R	E	B	O	T	K	O	A	K	X	D	W
Y	D	Y	H	P	Q	A	D	B	M	G	Y	G	A	Y	B	Q	S	G

2

VORWEIHNACHTSZEIT

AUFGEREGT SEIN

HOELLENBESEN

FESTSCHMAUS

DEKORATION

SCHATTEN

OKTOBER

HERBST

ERNTE

APFEL

Lösung

T	N	X	S	I	L	W	C	T	S	H	B	V	T	B	B	K	D	X
I	R	M	H	E	R	B	S	T	Q	Z	Y	S	V	Q	W	J	G	J
E	M	U	G	I	S	I	U	F	K	I	C	E	B	K	K	M	X	G
Z	J	H	B	M	S	C	H	A	T	T	E	N	K	K	S	P	Q	W
S	U	S	U	A	M	H	C	S	T	S	E	F	S	W	T	C	U	T
T	S	C	W	L	J	X	I	G	A	X	O	W	O	S	C	Z	B	L
H	A	K	I	O	A	U	E	O	G	C	F	Q	X	Z	N	D	K	Z
C	U	Y	O	M	V	R	Z	N	J	C	Z	J	F	F	E	G	A	F
A	B	Q	O	H	E	E	V	B	L	R	J	G	N	K	L	N	Y	P
N	V	G	P	G	E	C	E	S	N	V	R	S	O	G	E	W	E	F
H	G	F	F	O	T	B	I	X	Z	W	M	R	J	S	S	A	Q	L
I	G	U	Q	B	N	K	D	R	P	Z	A	R	E	D	R	X	K	D
E	A	L	V	V	R	Y	M	D	T	T	M	B	Z	R	H	R	M	R
W	H	F	L	N	E	A	O	B	I	P	N	L	C	W	D	I	J	D
R	S	O	I	W	O	P	S	O	K	E	V	V	E	U	I	H	U	Q
O	D	H	A	C	N	F	N	P	L	J	R	W	C	R	K	X	K	O
V	Z	V	R	E	K	E	Q	L	W	D	P	R	S	X	E	A	N	N
W	E	U	M	S	M	L	E	Q	K	U	L	V	P	I	U	K	D	W
Z	Z	P	B	W	W	O	U	Z	Y	Q	T	R	R	W	H	D	V	T
Y	P	O	Y	R	H	M	I	W	U	K	X	L	S	N	D	K	M	A
N	E	K	Y	I	O	U	W	I	W	E	M	M	Z	A	D	K	A	K
W	H	R	L	R	H	Z	S	Y	C	R	L	C	V	N	I	E	S	G
C	W	G	A	W	U	S	R	E	B	O	T	K	O	A	K	X	D	W
Y	D	Y	H	P	Q	A	D	B	M	G	Y	G	A	Y	B	Q	S	G

```
X  O  C  I  H  J  M  F  D  U  N  K  E  L  H  E  I  T  N
F  R  I  D  C  Y  I  V  Q  P  Q  Z  H  Y  D  U  P  O  E
Q  L  U  P  U  Q  H  H  S  E  A  M  W  L  C  B  K  X  F
F  H  V  T  A  L  Y  L  K  T  Y  W  X  V  S  E  E  I  F
T  L  W  S  R  U  J  Q  N  Z  M  X  J  K  N  K  A  N  E
L  F  E  L  B  Z  T  Q  T  F  R  I  E  D  H  O  F  T  R
D  X  A  Z  S  V  S  R  V  S  E  U  M  J  K  M  L  U  T
U  D  R  S  G  Y  Q  D  H  Q  G  U  F  W  L  M  L  E  R
F  G  P  Y  N  E  S  K  A  K  X  N  U  J  E  E  O  R  E
F  O  Y  R  U  E  W  G  C  H  R  G  A  Q  T  N  E  D  T
U  A  C  K  D  V  T  F  P  O  K  N  E  T  O  T  D  R  S
O  V  T  R  I  T  L  A  J  S  B  Z  J  F  M  A  H  D  N
P  U  L  J  E  K  J  J  M  H  P  M  U  R  K  F  D  K  O
A  R  A  O  L  Q  S  I  Y  O  C  N  D  T  M  P  D  Y  M
C  V  U  K  K  P  I  H  M  T  T  E  B  A  H  T  W  N  D  M
C  H  R  H  R  X  D  Q  O  G  R  H  C  Q  N  O  K  Z  H
Z  I  P  C  E  M  M  I  T  S  S  E  B  A  R  G  K  P  H
L  J  L  R  V  R  G  S  P  K  M  C  O  K  V  D  C  A  I
F  X  B  X  V  Q  Z  N  C  E  X  L  F  O  B  E  T  C  B
V  E  K  O  A  K  U  O  Y  Y  U  B  I  V  O  T  I  Z  J
V  K  R  W  B  E  T  B  P  R  A  Z  Q  Y  W  H  S  E  N
T  G  I  J  M  E  D  N  E  H  C  S  T  E  I  U  Q  C  S
U  W  D  J  K  K  Z  O  Q  A  K  Y  T  T  T  P  N  M  G
Q  P  H  D  J  Z  X  B  I  L  Z  S  C  K  W  Z  H  Z  A
```

VERKLEIDUNGSBRAUCH   TOMATENSAFT
QUIETSCHENDE TUER   DUNKELHEIT
ANGST BEKOMMEN   TOTENKOPF
MONSTERTREFFEN   FRIEDHOF
GRABESSTIMME   BONBONS

```
X O C I H J M F D U N K E L H E I T N
F R I D C Y I V Q P Q Z H Y D U P O E
Q L U P U Q H H S E A M W L C B K X F
F H V T A L Y L K T Y W X V S E E I F
T L W S R U J Q N Z M X J K N K A N E
L F E L B Z T Q T F R I E D H O F T R
D X A Z S V S R V S E U M J K M L U T
U D R S G Y Q D H Q G U F W L M L E R
F G P Y N E S K A K X N U J E E O R E
F O Y R U E W G C H R G A Q T N E D T
U A C K D V T F P O K N E T O T D R S
O V T R I T L A J S B Z J F M A H D N
P U L J E K J J M H P M U R K F D K O
A R A O L Q S I Y O C N D T M P D Y M
C V U K K P I H M T T E B H T W N D M
C H R H R X D Q O G R H C Q N O K Z H
Z I P C E M M I T S S E B A R G K P H
L J L R V R G S P K M C O K V D C A I
F X B X V Q Z N C E X L F O B E T C B
V E K O A K U O Y Y U B I V O T I Z J
V K R W B E T B P R A Z Q Y W H S E N
T G I J M E D N E H C S T E I U Q C S
U W D J K K Z O Q A K Y T T T P N M G
Q P H D J Z X B I L Z S C K W Z H Z A
```

```
F A R F X M J N Z C T A U H I S H Z W
Z O T N R K E V I U H Z D P T C H R E
K R G F R H N N U T X Y S H M S G R Z
Q O E T Q O X Y G J O F D H O Y E H T
C Q W T G E N A X I F B X N S E K M A
V U N Z N L V C T R N E O J X P S W R
W H L L E L X K S A O C S X Z T Q Y F
F U M Z E E S E C J B N R Q O Q L E N
T Q H A W N M Q Y C P J U E Q H M S E
J F N U O G H P Y H O B H H Q O Q I T
L T A B L E B N Y L M N P A P E D B O
W C C E L J L D L T E M U J S L Y R T
E F H R A A U E E N D C T Y W L D B L
B K T E H U T O F N G Y G I T E R M P
O I B R C C F J N K P K D B C N O I U
S O C S I H A O Y D X A P M I F H K U
L X S E V Z R R V Y E B A X B U D D F
I O G N V E B Z L E P O W A B E E F D
L D B T S N E T P M S P L N N R J S X
B I Z T D H N Z I M L I O Z H S Z A H
T A S C H E N L A M P E I X J T T U H
Y T R A P L E S U R G M W P R D H U X
F Q T F Q P T A T E C J E S Y V A U A
O I N M K K Z P W T V V P X P Z C O H
```

HALLOWEEN NACHT
HOELLENGEJAUCHZE
HOELLENFUERST
TASCHENLAMPE
GRUSELPARTY

TOTENFRATZE
BLUTFARBEN
STOEHNEN
ZAUBERER
UHU

Lösung

```
F  A  R  F  X  M  J  N  Z  C  T  A  U  H  I  S  H  Z  W
Z  O  T  N  R  K  E  V  I  U  H  Z  D  P  T  C  H  R  E
K  R  G  F  R  H  N  N  U  T  X  Y  S  H  M  S  G  R  Z
Q  O  E  T  Q  O  X  Y  G  J  O  F  D  H  O  Y  E  H  T
C  Q  W  T  G  E  N  A  X  I  F  B  X  N  S  E  K  M  A
V  U  N  Z  N  L  V  C  T  R  N  E  O  J  X  P  S  W  R
W  H  L  L  E  L  X  K  S  A  O  C  S  X  Z  T  Q  Y  F
F  U  M  Z  E  E  S  E  C  J  B  N  R  Q  O  Q  L  E  N
T  Q  H  A  W  N  M  Q  Y  C  P  J  U  E  Q  H  M  S  E
J  F  N  U  O  G  H  P  Y  H  O  B  H  H  Q  O  Q  I  T
L  T  A  B  L  E  B  N  Y  L  M  N  P  A  P  E  D  B  O
W  C  C  E  L  J  L  D  L  T  E  M  U  J  S  L  Y  R  T
E  F  H  R  A  U  E  E  N  D  C  T  Y  W  L  D  B  L
B  K  T  E  H  U  T  O  F  N  G  Y  G  I  T  E  R  M  P
O  I  B  R  C  C  F  J  N  K  P  K  D  B  C  N  O  I  U
S  O  C  S  I  H  A  O  Y  D  X  A  P  M  I  F  H  K  U
L  X  S  E  V  Z  R  R  V  Y  E  B  A  X  B  U  D  D  F
I  O  G  N  V  E  B  Z  L  E  P  O  W  A  B  E  E  F  D
L  D  B  T  S  N  E  T  P  M  S  P  L  N  N  R  J  S  X
B  I  Z  T  D  H  N  Z  I  M  L  I  O  Z  H  S  Z  A  H
T  A  S  C  H  E  N  L  A  M  P  E  I  X  J  T  T  U  H
Y  T  R  A  P  L  E  S  U  R  G  M  W  P  R  D  H  U  X
F  Q  T  F  Q  P  T  A  T  E  C  J  E  S  Y  V  A  U  A
O  I  N  M  K  K  Z  P  W  T  V  V  P  X  P  Z  C  O  H
```

```
N G E I S T E R T A N Z M A S K E N Q
D L Y Y N O G J O I C W D P J Y N P C
V Z B W O A C Z Q S R O C J X M T C W
O K B M N K L A T D J G I N F C G O X
I K P U U O C Z G Z V H F U H Y G C J
U I I G H B H Z J P A Y I A L E O L U
N U U B R G I V R M D P Z V H T F T O
Y L U S P W B R A U C H V P L Y O Q Q
N E B I E R T R E V P L A V P N W E B
M M I L R E H C I L T S I R H C G U K
B H C Z N X R U W E G Y N J P Y E R M
M Q O D P T T W Q R T C I V G V I I I
L M L P A S M L Z L K L S P Q U S W U
E Q F Z T E N N E N N I P S A Q T P B
S S G U E W R S A B S V I W X P E U J
W B A L E K N D R O W U Y H G T R T K
A V T S E P L R O O U A S L D K U C G
X R J N T K F D C S N O B N O B U A K
G C S G J X F A I V R H Z D H C Z X J
A U M N F B K P X Q Z D L L M J J B D
P H Q I D T W G N U G E R F U A L E Y
B E W L G U M M I B A E R C H E N S G
T Z Q H Q D A D N E F P O L K Z R E H
L V X V I X B J U D J H N F F W X N S
```

5

CHRISTLICHER BRAUCH   KAUBONBONS

GEISTER VERTREIBEN   GEISTERTANZ

GUMMIBAERCHEN   AUFREGUNG

HERZKLOPFEN   MASKEN

SPINNENNETZ   BESEN

```
N  G  E  I  S  T  E  R  T  A  N  Z  M  A  S  K  E  N  Q
D  L  Y  Y  N  O  G  J  O  I  C  W  D  P  J  Y  N  P  C
V  Z  B  W  O  A  C  Z  Q  S  R  O  C  J  X  M  T  C  W
O  K  B  M  N  K  L  A  T  D  J  G  I  N  F  C  G  O  X
I  K  P  U  U  O  C  Z  G  Z  V  H  F  U  H  Y  G  C  J
U  I  I  G  H  B  H  Z  J  P  A  Y  I  A  L  E  O  L  U
N  U  U  B  R  G  I  V  R  M  D  P  Z  V  H  T  F  T  O
Y  L  U  S  P  W  B  R  A  U  C  H  V  P  L  Y  O  Q  Q
N  E  B  I  E  R  T  R  E  V  P  L  A  V  P  N  W  E  B
M  M  I  L  R  E  H  C  I  L  T  S  I  R  H  C  G  U  K
B  H  C  Z  N  X  R  U  W  E  G  Y  N  J  P  Y  E  R  M
M  Q  O  D  P  T  T  W  Q  R  T  C  I  V  G  V  I  I  I
L  M  L  P  A  S  M  L  Z  L  K  L  S  P  Q  U  S  W  U
E  Q  F  Z  T  E  N  N  E  N  N  I  P  S  A  Q  T  P  B
S  S  G  U  E  W  R  S  A  B  S  V  I  W  X  P  E  U  J
W  B  A  L  E  K  N  D  R  O  W  U  Y  H  G  T  R  T  K
A  V  T  S  E  P  L  R  O  O  U  A  S  L  D  K  U  C  G
X  R  J  N  T  K  F  D  C  S  N  O  B  N  O  B  U  A  K
G  C  S  G  J  X  F  A  I  V  R  H  Z  D  H  C  Z  X  J
A  U  M  N  F  B  K  P  X  Q  Z  D  L  L  M  J  J  B  D
P  H  Q  I  D  T  W  G  N  U  G  E  R  F  U  A  L  E  Y
B  E  W  L  G  U  M  M  I  B  A  E  R  C  H  E  N  S  G
T  Z  Q  H  Q  D  A  D  N  E  F  P  O  L  K  Z  R  E  H
L  V  X  V  I  X  B  J  U  D  J  H  N  F  F  W  X  N  S
```

```
A M U E S I E R E N I P S L E I T W L
K F F C Y T M Y V P X S C R J J B D L
P A N I Z Z T V K N B K H X T H L M U
A J N G T Z L R L R Q F A G Z E U S Y
E M W R E O T B Y F M Q U G F U T X A
I G Z A U B G N H M V P E E U G S S J
F V H U F C S I H K T N R I E A T K R
E A X S E C X P M L G Y G S R B R N Q
E E U I L E P M M N A N E T C E O F E
I R F G S J E J A T J E S E H L P S R
R G U E N J W K Y Y G G T R T K F A C
E E D T A G D I Z S N I A H E P E Z C
V R U R C L J N A H Z L L A N J N G D
F N M F H P N R E Q V I T U R J K E S
Y A T L T J J F R B X E E S O S A C B
I Z V I I S T Z N K A H N M G M A S C
F E B A L H C G L W B R P M K M W K V
O X T U F Y Z H S Z A E X G X P M Y C
I O P T E C K F M S T L G R I W U C O
N T K W U L H N H I E L Y J J P U B U
V T Y K V R Y A J G N A F T G I J G M
L V I I O R G V E L Z K Y D D A F O G
A C I V Z I F H I U Q B E G X Y D R W
V Y Z F Q O H U H E E I P N H E W W B
```

ABEND VOR ALLERHEILIGEN
BLUTSTROPFEN SCHMINKEN
SCHAUERGESTALTEN
TEUFELSNACHT
GEISTERHAUS

AMUESIEREN
FUERCHTEN
HEUGABEL
GRAUSIG
AERGERN

Lösung

A	M	U	E	S	I	E	R	E	N	I	P	S	L	E	I	T	W	L
K	F	F	C	Y	T	M	Y	V	P	X	S	C	R	J	J	B	D	L
P	A	N	I	Z	Z	T	V	K	N	B	K	H	X	T	H	L	M	U
A	J	N	G	T	Z	L	R	L	R	Q	F	A	G	Z	E	U	S	Y
E	M	W	R	E	O	T	B	Y	F	M	Q	U	G	F	U	T	X	A
I	G	Z	A	U	B	G	N	H	M	V	P	E	E	U	G	S	S	J
F	V	H	U	F	C	S	I	H	K	T	N	R	I	E	A	T	K	R
E	A	X	S	E	C	X	P	M	L	G	Y	G	S	R	B	R	N	Q
E	E	U	I	L	E	P	M	M	N	A	N	E	T	C	E	O	F	E
I	R	F	G	S	J	E	J	A	T	J	E	S	E	H	L	P	S	R
R	G	U	E	N	J	W	K	Y	Y	G	G	T	R	T	K	F	A	C
E	E	D	T	A	G	D	I	Z	S	N	I	A	H	E	P	E	Z	C
V	R	U	R	C	L	J	N	A	H	Z	L	L	A	N	J	N	G	D
F	N	M	F	H	P	N	R	E	Q	V	I	T	U	R	J	K	E	S
Y	A	T	L	T	J	J	F	R	B	X	E	E	S	O	S	A	C	B
I	Z	V	I	I	S	T	Z	N	K	A	H	N	M	G	M	A	S	C
F	E	B	A	L	H	C	G	L	W	B	R	P	M	K	M	W	K	V
O	X	T	U	F	Y	Z	H	S	Z	A	E	X	G	X	P	M	Y	C
I	O	P	T	E	C	K	F	M	S	T	L	G	R	I	W	U	C	O
N	T	K	W	U	L	H	N	H	I	E	L	Y	J	J	P	U	B	U
V	T	Y	K	V	R	Y	A	J	G	N	A	F	T	G	I	J	G	M
L	V	I	I	O	R	G	V	E	L	Z	K	Y	D	D	A	F	O	G
A	C	I	V	Z	I	F	H	I	U	Q	B	E	G	X	Y	D	R	W
V	Y	Z	F	Q	O	H	U	H	E	E	I	P	N	H	E	W	W	B

```
P  V  S  K  D  R  X  V  O  S  J  Q  O  E  H  D  B  F  B
E  Y  D  H  R  K  D  X  S  N  O  F  G  I  H  V  I  Q  B
J  C  Y  Z  S  E  X  J  V  B  V  Q  S  N  F  I  I  G  T
E  C  B  H  W  Z  U  B  J  K  P  S  B  L  Y  Y  C  E  E
A  G  M  M  X  A  D  A  T  R  D  F  X  E  Z  X  C  O  O
C  R  V  F  G  N  R  A  H  I  S  J  Q  D  U  O  Y  M  B
V  D  V  O  C  A  I  B  E  C  O  E  Z  O  Z  H  S  N  T
B  A  T  S  R  E  B  U  A  Z  S  Q  D  K  L  O  F  Z  K
E  T  R  O  T  A  B  E  W  T  A  R  E  Y  D  A  D  Y  Q
Z  T  M  L  Z  N  E  H  E  I  Z  R  E  H  M  U  R  Q  O
I  I  W  O  E  O  T  I  J  V  B  Y  X  T  J  V  I  C  L
Z  I  D  P  A  C  C  H  D  A  L  Z  T  T  S  G  Z  P  B
N  M  V  U  U  T  C  C  S  M  V  U  S  X  U  I  W  Q  E
N  P  T  E  R  A  A  I  B  P  M  I  E  P  T  L  E  M  K
N  Q  Y  C  Q  C  L  L  U  I  Q  F  F  B  H  H  B  G  A
W  A  G  U  L  J  H  R  N  R  R  T  T  X  E  G  M  M  E
R  I  H  G  E  R  H  W  G  Q  A  S  O  G  D  G  C  K
T  B  B  L  N  X  A  E  Q  E  V  B  B  P  S  O  X  K  D
C  O  D  R  N  O  B  A  E  B  Q  F  R  P  R  M  B  D  W
A  K  E  P  Q  B  R  J  J  I  X  K  E  S  P  P  Y  J  W
M  X  U  T  B  X  S  U  H  S  J  V  H  N  E  C  M  V  P
W  S  P  U  K  H  T  O  N  S  E  I  F  K  C  I  L  I  Z
H  V  Y  A  U  X  G  N  U  D  I  E  L  K  R  E  V  Z  O
T  H  N  R  W  M  Q  S  C  N  A  C  H  T  U  T  B  A  H
```

DURCH DIE NACHT

GEISTERSCHAUER

VAMPIRGEBISS

UMHERZIEHEN

VERKLEIDUNG

ZAUBERSTAB

HERBSTFEST

JAEHRLICH

SPUK

BLUT

Lösung

```
P V S K D R X V O S J Q O E H D B F B
E Y D H R K D X S N O F G I H V I Q B
J C Y Z S E X J V B V Q S N F I I G T
E C B H W Z U B J K P S B L Y Y C E E
A G M M X A D A T R D F X E Z X C O O
C R V F G N R A H I S J Q D U O Y M B
V D V O C A I B E C O E Z O Z H S N T
B A T S R E B U A Z S Q D K L O F Z K
E T R O T A B E W T A R E Y D A D Y Q
Z T M L Z N E H E I Z R E H M U R Q O
I I W O E O T I J V B Y X T J V I C L
Z I D P A C C H D A L Z T T S G Z P B
N M V U U T C C S M V U S X U I W Q E
N P T E R A A I B P M I E P T L E M K
N Q Y C Q C L L U I Q F F B H H B G A
W A G U L J H R N R R T T X E G M M E
R I H G E R G H W G Q A S O G D G C K
T B B L N X A E Q E V B B P S O X K D
C O D R N O B A E B Q F R P R M B D W
A K E P Q B R J J I X K E S P P Y J W
M X U T B X S U H S J V H N E C M V P
W S P U K H T O N S E I F K C I L I Z
H V Y A U X G N U D I E L K R E V Z O
T H N R W M Q S C N A C H T U T B A H
```

1

V	M	Y	W	A	R	X	P	G	H	S	V	F	G	Y	E	J	J	F
A	V	E	C	T	L	T	R	H	E	N	N	I	P	S	X	C	H	F
C	D	E	X	I	T	U	V	Z	M	K	Q	H	V	S	A	B	C	K
O	A	L	O	S	O	W	C	N	O	H	T	T	X	M	K	K	N	D
Y	S	E	T	P	I	R	K	T	N	Q	W	C	Y	K	D	A	X	O
J	O	I	J	L	J	C	F	F	E	C	S	B	A	I	J	T	V	V
B	Z	P	E	L	R	P	N	F	E	K	N	U	R	B	G	Z	O	Z
F	K	S	O	K	P	V	K	E	P	X	F	X	O	R	O	E	D	C
J	O	N	E	I	W	F	I	O	L	E	N	I	O	S	T	Z	J	H
E	T	E	J	J	U	T	D	I	N	H	H	T	V	Q	M	R	L	I
M	X	H	E	E	O	E	A	O	U	Q	E	V	C	E	V	O	F	S
I	C	C	J	M	R	I	Q	B	P	N	W	O	E	D	J	U	X	S
Z	D	S	Q	E	G	S	D	J	P	B	C	M	H	D	Y	Q	X
P	S	I	D	U	E	Z	Q	B	E	Z	B	M	W	S	U	K	T	S
N	C	E	F	T	X	V	W	D	L	E	S	U	R	G	U	M	R	O
J	H	R	R	S	E	M	C	U	T	S	E	R	U	A	S	A	G	O
S	W	K	P	O	H	A	N	O	H	F	P	F	N	Y	K	X	E	Y
G	A	U	Y	K	X	G	Q	S	C	J	V	E	T	B	P	G	S	P
V	R	O	S	L	G	I	F	E	A	K	D	S	U	E	S	S	E	S
D	Z	J	F	F	H	S	A	G	N	I	A	G	G	E	B	L	K	L
J	E	C	B	I	J	C	K	U	E	R	B	I	S	G	Y	C	L	U
X	Y	B	E	N	L	H	F	I	P	O	Y	L	G	O	C	L	Q	G
S	P	Y	C	V	P	Q	N	O	X	H	P	M	A	K	M	X	V	L
L	O	F	R	Q	E	J	O	T	H	X	S	B	W	Z	I	G	F	P

SUESSES ODER SAURES   KREISCHEN

KUERBIS AUSHOEHLEN   MAGISCH

KOSTUEME KAUFEN   SPINNE

SCHWARZE KATZE   NACHT

GRUSEL SPIELE   HEXE

Lösung

```
V  M  Y  W  A  R  X  P  G  H  S  V  F  G  Y  E  J  J  F
A  V  E  C  T  L  T  R  H  E  N  N  I  P  S  X  C  H  F
C  D  E  X  I  T  U  V  Z  M  K  Q  H  V  S  A  B  C  K
O  A  L  O  S  O  W  C  N  O  H  T  T  X  M  K  K  N  D
Y  S  E  T  P  I  R  K  T  N  Q  W  C  Y  K  D  A  X  O
J  O  I  J  L  J  C  F  F  E  C  S  B  A  I  J  T  V  V
B  Z  P  E  L  R  P  N  F  E  K  N  U  R  B  G  Z  O  Z
F  K  S  O  K  P  V  K  E  P  X  F  X  O  R  O  E  D  C
J  O  N  E  I  W  F  I  O  L  E  N  I  O  S  T  Z  J  H
E  T  E  J  J  U  T  D  I  N  H  H  T  V  Q  M  R  L  I
M  X  H  E  E  O  E  A  O  U  Q  E  V  C  E  V  O  F  S
I  C  C  J  M  R  I  Q  B  P  N  W  O  E  D  J  U  X  S
Z  D  S  Q  E  G  S  D  J  P  B  C  M  H  D  D  Y  Q  X
P  S  I  D  U  E  Z  Q  B  E  Z  B  M  W  S  U  K  T  S
N  C  E  F  T  X  V  W  D  L  E  S  U  R  G  U  M  R  O
J  H  R  R  S  E  M  C  U  T  S  E  R  U  A  S  A  G  O
S  W  K  P  O  H  A  N  O  H  F  P  F  N  Y  K  X  E  Y
G  A  U  Y  K  X  G  Q  S  C  J  V  E  T  B  P  G  S  P
V  R  O  S  L  G  I  F  E  A  K  D  S  U  E  S  S  E  S
D  Z  J  F  F  H  S  A  G  N  I  A  G  G  E  B  L  K  L
J  E  C  B  I  J  C  K  U  E  R  B  I  S  G  Y  C  L  U
X  Y  B  E  N  L  H  F  I  P  O  Y  L  G  O  C  L  Q  G
S  P  Y  C  V  P  Q  N  O  X  H  P  M  A  K  M  X  V  L
L  O  F  R  Q  E  J  O  T  H  X  S  B  W  Z  I  G  F  P
```

```
O R Y C O X I Z G R U S E L A B E N D
H M A U X T K O V V C E Z Z N S V G O
C K N B M F H F P B M E X S Q C P S Q
M A A Y E W Q M H F I U X Z H D J P Y
U R L W M A I Q I U M B L Q V V Z O T
Z K T O T E N B L E I C H N X A G U J
K T E U F E L J O L B X J I X D J A G
S N Q T Z B G G O J T Z D D W B C F X
L A E N D K E L O O H N H R K C M S L
J S D X I S S D X B M Y I M K C I D W
D F N F I M O J W J S F R M Z H W R O
R O U M G U Q Y C P C D P M M W M Y I
R S T F K X E H S X Z D S Y S M M C X
Y Y S K N O B L A U C H X B S I T X J
H U R M E X M X D U S D Y K G K I T D
V E E M B D R Y F X D W F G U W M B D
H F T D F V Q E C W U S C S K N B D X
G Q S V G F X E G I R U A H C S L V T
K Z I E Z E T T E L E K S P R P Q J E
S K E I S T H C A N V U E W H I F W G
N P G I Y S S R J R P F I G U R E N R
Z E W O E W I E A C B Z K V E G W H U
D H S A N K L O P F E N T O I D I B I
C Z D W U U Q Q V L X P D F E K B V O
```

 **9**

SCHAURIGE FIGUREN   KNOBLAUCH
GEISTERSTUNDE   SKELETTE
TOTENBLEICH   NACHTS
GRUSELABEND   TEUFEL
ANKLOPFEN   RABE

Lösung

```
O  R  Y  C  O  X  I  Z  G  R  U  S  E  L  A  B  E  N  D
H  M  A  U  X  T  K  O  V  V  C  E  Z  Z  N  S  V  G  O
C  K  N  B  M  F  H  F  P  B  M  E  X  S  Q  C  P  S  Q
M  A  A  Y  E  W  Q  M  H  F  I  U  X  Z  H  D  J  P  Y
U  R  L  W  M  A  I  Q  I  U  M  B  L  Q  V  V  Z  O  T
Z  K  T  O  T  E  N  B  L  E  I  C  H  N  X  A  G  U  J
K  T  E  U  F  E  L  J  O  L  B  X  J  I  X  D  J  A  G
S  N  Q  T  Z  B  G  G  O  J  T  Z  D  D  W  B  C  F  X
L  A  E  N  D  K  E  L  O  O  H  N  H  R  K  C  M  S  L
J  S  D  X  I  S  S  D  X  B  M  Y  I  M  K  C  I  D  W
D  F  N  F  I  M  O  J  W  J  S  F  R  M  Z  H  W  R  O
R  O  U  M  G  U  Q  Y  C  P  C  D  P  M  M  W  M  Y  I
R  S  T  F  K  X  E  H  S  X  Z  D  S  Y  S  M  M  C  X
Y  Y  S  K  N  O  B  L  A  U  C  H  X  B  S  I  T  X  J
H  U  R  M  E  X  M  X  D  U  S  D  Y  K  G  K  I  T  D
V  E  E  M  B  D  R  Y  F  X  D  W  F  G  U  W  M  B  D
H  F  T  D  F  V  Q  E  C  W  U  S  C  S  K  N  B  D  X
G  Q  S  V  G  F  X  E  G  I  R  U  A  H  C  S  L  V  T
K  Z  I  E  Z  E  T  T  E  L  E  K  S  P  R  P  Q  J  E
S  K  E  I  S  T  H  C  A  N  V  U  E  W  H  I  F  W  G
N  P  G  I  Y  S  S  R  J  R  P  F  I  G  U  R  E  N  R
Z  E  W  O  E  W  I  E  A  C  B  Z  K  V  E  G  W  H  U
D  H  S  A  N  K  L  O  P  F  E  N  T  O  I  D  I  B  I
C  Z  D  W  U  U  Q  Q  V  L  X  P  D  F  E  K  B  V  O
```

```
W I H C I S M U R J H R Y B W I D Q R
N E F B A B L I Q X U Z Y L R C S H H
K M Q S C H O K O L A D E M E H C W Z
O L O W O C W Q C M M J O T K I W S D
E G B R J Z P E Y I N N V A J I H D O
K U X O E L F Y U E S U A P L R Q Q O
Y Q B L I W S V G T Y Y M Q I D M D U
F A B C S S U C E T B X P I J A C X U
C Q W O Q H A R D S B G I N N O J L W
Z E J Z J N M Q R J G Z R L D K W Q A
N A I A H M R M X V D H U E F M U U L
F Q Y G M A E T N A X S M S Z X R M X
Z S L J O G D K V K A O H S A C F I S
A E K N N B E V Q Y Z K A A U D T F Y
D S U O E N L H E S C W N R B X F I I
Q S E N D Q F I W K K M G E E M D A A
E E I S I Y U F R A T D D G R T O X R
Y U Q S E C K E H R L K D N S L B J M
A S A Z L X A A G I N J O E A G X U E
N D J K K N R I N O Y Z I H F E U N G
B Y D V R V U R C R R S I C T P I B D
R Q L W E V C H G M E S I O K K L M R
O E A A V R E Z H B P J U N F D V Q Q
C H E X E N H A U S C T H K O Y H L W
```

10

KNOCHENGERASSEL
SICH VERKLEIDEN
VAMPIRUMHANG
SCHOKOLADE
ZAUBERSAFT

FLEDERMAUS
HEXENHAUS
MONSTER
KNOCHEN
SUESSES

Lösung

```
W  I (H  C  I  S) M  U  R  J  H  R  Y  B  W  I  D  Q  R
N  E  F  B  A  B  L  I  Q  X  U  Z  Y  L  R  C  S  H  H
K  M  Q (S  C  H  O  K  O  L  A  D  E) M  E  H  C  W  Z
O  L  O  W  O  C  W  Q  C  M  M  J  O  T  K  I  W  S  D
E  G  B  R  J  Z  P  E  Y  I  N  N  V  A  J  I  H  D  O
K  U  X  O  E  L  F  Y  U  E  S  U  A  P  L  R  Q  Q  O
Y  Q  B  L  I  W (S) V  G  T  Y  Y  M  Q  I  D  M  D  U
F  A  B  C  S  S  U  C  E  T  B  X  P  I  J  A  C  X  U
C  Q  W  O  Q  H  A  R  D  S  B  G  I  N  N  O  J  L  W
Z  E  J  Z  J  N  M  Q  R  J  G  Z  R  L  D  K  W  Q  A
N  A  I  A  H  M  R  M  X  V  D  H  U  E  F  M  U  U  L
F  Q  Y  G  M  A  E  T  N  A  X  S  M  S  Z  X  R  M  X
Z (S  L  J  O  G  D  K  V  K  A  O  H  S  A  C  F  I  S
A  E  K  N (N) B  E  V  Q  Y  Z  K  A  A  U  D  T  F  Y
D  S  U  O  E  N  L  H  E  S  C  W  N  R  B  X  F  I  I
Q  S  E  N  D  Q (F) I  W  K  K  M (G) E  E  M  D  A  A
E  E  I  S  I  Y  U  F  R  A  T  D  D  G  R  T  O  X  R
Y  U  Q  S  E  C  K  E  H  R  L  K  D  N  S  L  B  J  M
A  S) A  Z  L  X  A  A  G  I  N  J  O  E  A  G  X  U  E
N  D  J  K  K  N  R  I  N  O  Y  Z  I  H  F  E  U  G
B  Y  D  V  R  V  U  R  C  R  R  S  I  C  T  P  I  B  D
R  Q  L  W  E  V  C  H  G  M  E  S  I  O  K  K  L  M  R
O  E  A  A  V  R  E  Z  H  B  P  J  U  N  F  D  V  Q  Q
C (H  E  X  E  N  H  A  U  S) C  T  H  K  O  Y  H  L  W
```

1

B	F	C	B	R	Y	T	U	X	A	B	B	B	R	A	T	Y	K	P
Q	W	D	H	T	X	C	K	S	Q	W	X	F	G	R	X	Q	B	K
S	W	I	U	Z	O	A	R	C	Z	J	N	I	F	E	V	L	G	T
J	D	E	G	F	K	X	P	O	N	Y	X	K	N	H	P	S	W	U
I	S	R	R	S	T	P	X	U	T	F	S	R	P	C	I	L	U	D
E	P	X	M	W	M	C	Y	B	L	E	E	I	E	S	B	E	H	N
T	F	S	H	A	O	Q	U	M	U	T	E	V	K	T	Q	D	R	L
I	M	D	Q	Z	S	L	D	W	A	P	X	L	R	U	R	O	V	J
E	F	A	T	Q	I	J	F	L	N	H	R	E	R	L	E	J	C	Z
Z	Q	D	R	H	K	J	S	K	G	R	U	S	E	L	F	E	S	T
L	U	Z	E	F	C	I	J	C	S	V	Q	Y	I	D	Y	D	N	P
H	P	B	Z	I	B	A	Z	J	N	G	E	S	T	R	X	A	U	L
A	R	P	N	R	I	W	N	Y	M	H	J	P	X	S	R	S	V	C
M	W	K	E	E	Z	L	X	R	B	J	O	L	F	S	A	X	U	O
L	H	U	S	X	I	T	J	F	E	V	J	M	U	U	B	R	P	F
E	K	I	M	O	C	E	I	X	X	T	M	B	A	R	J	Z	N	L
U	N	L	V	U	J	N	R	L	F	M	T	U	V	Q	Y	N	W	E
E	X	P	X	N	M	K	S	E	O	G	D	I	W	F	I	O	J	O
R	J	E	K	G	K	T	M	I	K	E	R	W	M	U	Y	V	L	W
G	J	O	L	C	J	K	U	U	I	C	E	N	E	P	P	I	L	Z
I	H	F	I	R	E	D	N	I	K	V	E	C	Q	A	X	Z	V	D
Y	J	O	K	E	S	C	M	V	B	D	F	L	Z	H	M	E	C	Q
G	U	Q	U	B	F	F	V	B	M	C	Z	E	P	Y	P	T	H	Q
A	B	P	V	O	A	P	I	J	Z	W	G	C	K	K	T	F	Y	B

11

GREUELMAHLZEIT

KUERBISLATERNE

MITTERNACHT

ROTE LIPPEN

ZWOELF UHR

GRUSELFEST

LECKEREIEN

WERWOLF

LUTSCHER

KINDER

Lösung

```
B F C B R Y T U X A B B B R A T Y K P
Q W D H T X C K S Q W X F G R X Q B K
S W I U Z O A R C Z J N I F E V L G T
J D E G F K X P O N Y X K N H P S W U
I S R R S T P X U T F S R P C I L U D
E P X M W M C Y B L E E I E S B E H N
T F S H A O Q U M U T E V K T Q D R L
I M D Q Z S L D W A P X L R U R O V J
E F A T Q I J F L N H R E R L E J C Z
Z Q D R H K J S K G R U S E L F E S T
L U Z E F C I J C S V Q Y I D Y D N P
H P B Z I B A Z J N G E S T R X A U L
A R P N R I W N Y M H J P X S R S V C
M W K E E Z L X R B J O L F S A X U O
L H U S X I T J F E V J M U U B R P F
E K I M O C E I X X T M B A R J Z N L
U N L V U J N R L F M T U V Q Y N W E
E X P X N M K S E O G D I W F I O J O
R J E K G K T M I K E R W M U Y V L W
G J O L C J K U U I C E N E P P I L Z
I H F I R E D N I K V E C Q A X Z V D
Y J O K E S C M V B D F L Z H M E C Q
G U Q U B F F V B M C Z E P Y P T H Q
A B P V O A P I J Z W G C K K T F Y B
```

```
J  X  H  R  L  V  G  T  C  M  O  S  J  I  H  V  P  N  P
E  R  D  E  U  K  C  G  B  D  F  R  C  Z  E  Q  L  R  E
T  R  D  T  S  D  B  E  D  B  I  D  Q  C  C  D  P  C  H
E  T  S  S  I  N  B  H  G  P  T  P  P  F  H  X  V  C  E
U  Z  D  E  V  O  M  G  T  U  H  R  P  O  H  R  N  F  P
K  K  U  U  C  M  A  P  R  R  M  I  X  Q  O  S  M  U  C
N  R  B  L  L  L  M  T  S  R  O  Q  H  V  L  L  G  Z  V
A  J  C  F  G  L  X  R  C  G  Z  Y  K  N  H  L  P  Z  P
R  T  C  E  V  O  M  H  U  X  P  T  S  R  T  O  R  Q  A
T  N  T  G  N  V  R  D  K  A  P  V  V  E  B  Y  Q  P  Y
R  E  R  R  Y  W  E  Z  F  I  M  T  D  T  R  G  U  C  L
E  I  G  E  Z  F  T  N  S  C  Z  S  N  N  H  Z  D  Y  V
B  E  R  U  R  S  S  I  U  I  V  G  N  A  F  S  H  M  M
U  R  U  A  G  Y  I  E  Q  X  H  M  I  L  R  M  T  J  B
A  E  S  H  G  R  E  T  M  O  P  B  B  O  S  T  S  Q  N
Z  H  E  C  Q  J  G  S  R  G  E  I  O  Y  Y  Q  Z  Y  B
P  C  L  S  Y  J  T  B  D  H  O  N  W  K  P  K  O  R  W
F  S  I  V  S  B  K  A  Z  X  O  E  L  F  P  O  J  A  Q
S  A  G  Q  D  C  V  R  Y  V  S  O  F  F  B  U  H  C  P
Q  N  I  X  A  I  H  G  P  G  K  B  Q  B  D  M  W  I  J
I  N  L  J  W  U  I  W  C  F  A  Y  T  R  A  P  M  O  R
X  T  Y  C  Y  T  K  K  A  D  R  M  Z  E  G  N  A  R  O
P  Q  I  L  U  N  D  A  J  R  J  F  D  F  W  U  O  S  T
R  B  P  R  C  I  C  P  K  O  Z  G  Y  N  V  R  D  H  E
```

12

ORANGE UND SCHWARZ
SCHAUERGEFLUESTER
JACK OLANTERN
NASCHEREIEN
ZAUBERTRANK

GRABSTEIN
VOLLMOND
GRUSELIG
GEISTER
PARTY

```
J  X  H  R  L  V  G  T  C  M  O  S  J  I  H  V  P  N  P
E  R  D  E  U  K  C  G  B  D  F  R  C  Z  E  Q  L  R  E
T  R  D  T  S  D  B  E  D  B  I  D  Q  C  C  D  P  C  H
E  T  S  S  I  N  B  H  G  P  T  P  P  F  H  X  V  C  E
U  Z  D  E  V  O  M  G  T  U  H  R  P  O  H  R  N  F  P
K  K  U  U  C  M  A  P  R  R  M  I  X  Q  O  S  M  U  C
N  R  B  L  L  M  T  S  R  O  Q  H  V  L  L  G  Z  V
A  J  C  F  G  L  X  R  C  G  Z  Y  K  N  H  L  P  Z  P
R  T  C  E  V  O  M  H  U  X  P  T  S  R  T  O  R  Q  A
T  N  T  G  N  V  R  D  K  A  P  V  V  E  B  Y  Q  P  Y
R  E  R  R  Y  W  E  Z  F  I  M  T  D  T  R  G  U  C  L
E  I  G  E  Z  F  T  N  S  C  Z  S  N  N  H  Z  D  V  V
B  E  R  U  R  S  S  I  U  I  V  G  N  A  F  S  H  M  M
U  R  U  A  G  Y  I  E  Q  X  H  M  I  L  R  M  T  J  B
A  E  S  H  G  R  E  T  M  O  P  B  B  O  S  T  S  Q  N
Z  H  E  C  Q  J  G  S  R  G  E  I  O  Y  Y  Q  Z  Y  B
P  C  L  S  Y  J  T  B  D  H  O  N  W  K  P  K  O  R  W
F  S  I  V  S  B  K  A  Z  X  O  E  L  F  P  O  J  A  Q
S  A  G  Q  D  C  V  R  Y  V  S  O  F  B  U  H  C  P
Q  N  I  X  A  I  H  G  P  G  K  B  Q  B  D  M  W  I  J
I  N  L  J  W  U  I  W  C  F  A  Y  T  R  A  P  M  O  R
X  T  Y  C  Y  T  K  K  A  D  R  M  Z  E  G  N  A  R  O
P  Q  I  L  U  N  D  A  J  R  J  F  D  F  W  U  O  S  T
R  B  P  R  C  I  C  P  K  O  Z  G  Y  N  V  R  D  H  E
```

```
B A C V Y K K A A E K P F L J Q H Y N
F A T C Q C L Z O M B I E C N O C Z O
W W F K M O K H O E L L E N B A N D E
S U W B R E N N E N G V C V J V A J Q
E T M R F U Z S S V Y J F J G Q S L B
N X J B J I T A B V Y S F B K R M K F
S G H B G E C W W Y C H J L R L B J I
E G L F F G F M H H E P L E V C N X L
N H O G E A E Z W Z H E P A R G P C S
M P A L R U L A B B G I V M M E L O P
A T D Q X D R T X O D D O F G K S L T
N T L V V Z T P V K S L R L B A M W W
N W T G E N C N L K I Z G P R W Z X Y
T L I R M C E K C M N X A G R E W H O
L M V Q B H W T T W L Y R Z P F J E E
V U P U C K Z P J U U B T J I A K Z Y
D N J I Z Y E V S T E X E Q W R E N P
N I E H C S L E K C A F N E L L E O H
G L S R K B V Z X F F J B P F Z X C R
M Q U K C K V H E X E N H U T C V Z U
D U Q L W J T T F Z F K O X H L R J E
K Y V X P B H P G O H U T D N K O Y S
C B S Y R T L E H G M F V U D R U X I
U G D O Y X O B Q D Q B N R V X V B P
```

13

HOELLENFACKELSCHEIN

SCHWARZER HEXENHUT

HOELLENBANDE

LEICHENVOGEL

SENSENMANN

VORGARTEN

FAEULNIS

BRENNEN

ZOMBIE

SARG

Lösung

```
B A C V Y K K A A E K P F L J Q H Y N
F A T C Q C L Z O M B I E C N O C Z O
W W F K M O K H O E L L E N B A N D E
S U W B R E N N E N G V C V J V A J Q
E T M R F U Z S S V Y J F J G Q S L B
N X J B J I T A B V Y S F B K R M K F
S G H B G E C W W Y C H J L R L B J I
E G L F F G F M H H E P L E V C N X L
N H O G E A E Z W Z H E P A R G P C S
M P A L R U L A B B G I V M M E L O P
A T D Q X D R T X O D D O F G K S L T
N T L V V Z T P V K S L R L B A M W W
N W T G E N C N L K I Z G P R W Z X Y
T L I R M C E K C M N X A G R E W H O
L M V Q B H W T T W L Y R Z P F J E E
V U P U C K Z P J U U B T J I A K Z Y
D N J I Z Y E V S T E X E Q W R E N P
N I E H C S L E K C A F N E L L E O H
G L S R K B V Z X F J B P F Z X C R
M Q U K C K V H E X E N H U T C V Z U
D U Q L W J T T F Z F K O X H L R J E
K Y V X P B H P G O H U T D N K O Y S
C B S Y R T L E H G M F V U D R U X I
U G D O Y X O B Q D Q B N R V X V B P
```

```
X  A  J  E  S  N  Z  W  Z  O  N  U  J  Z  M  S  Q  I  P
U  S  N  K  U  E  R  B  I  S  Q  J  A  U  A  E  N  G  L
I  H  E  H  C  U  S  E  B  S  U  A  H  S  H  D  T  G  L
A  L  E  N  A  B  K  L  D  S  J  E  C  C  Z  A  V  W  U
G  D  V  P  Q  G  J  S  J  K  X  H  V  H  W  G  V  Q  E
K  G  O  N  K  Z  N  P  P  E  A  C  D  M  N  J  Q  D  H
L  P  G  Z  M  U  P  U  N  J  G  Y  F  I  R  M  I  A  E
I  U  O  Z  W  C  M  L  R  E  A  I  M  N  S  A  G  Q  G
N  C  A  H  T  R  T  A  S  E  Z  Y  U  K  W  V  F  T  R
G  B  W  S  R  U  S  I  X  S  M  G  N  E  F  O  N  Q  E
E  O  N  N  R  Y  C  P  X  V  E  M  H  C  U  G  Z  M  M
L  K  Q  N  G  H  M  W  F  J  P  Z  E  C  G  E  N  D  M
S  M  Y  I  T  N  C  L  G  S  M  H  I  A  C  L  F  M  A
T  W  N  E  U  E  R  H  B  T  K  E  M  E  D  S  K  U  J
R  G  R  U  L  Z  G  W  Y  I  Z  X  L  X  E  C  V  T  Z
E  V  X  J  H  T  V  T  N  E  E  I  V  K  H  A  F  A
I  P  Q  O  Z  I  Z  P  V  T  A  N  C  V  M  E  Z  N  V
C  X  J  N  V  N  V  J  V  U  H  T  H  J  O  U  X  Q  E
H  P  Q  H  K  H  U  E  J  E  T  R  O  V  N  C  F  S  K
R  K  R  C  H  C  B  M  C  B  Z  E  T  F  H  H  A  P  V
M  X  G  L  Y  S  B  V  E  F  I  F  R  S  A  E  J  K  H
E  K  B  D  X  O  W  H  R  Y  Y  F  P  B  Q  C  H  Y  E
K  U  Y  U  D  B  H  J  F  C  L  E  V  B  R  W  N  V  R
Z  G  A  E  M  O  X  T  B  N  W  N  V  K  Q  M  I  Z  R
```

14

GESICHTER IN KUERBIS SCHNITZEN DAEMMERUNG

VOGELSCHEUCHE HAUSBESUCH

KLINGELSTREICH UNHEIMLICH

HEXENTREFFEN SCHMINKE

JAMMERGEHEUL HEXEN

Lösung

```
X A J E S N Z W Z O N U J Z M S Q I P
U S N K U E R B I S Q J A U A E N G L
I H E H C U S E B S U A H S H D T G L
A L E N A B K L D S J E C C Z A V W U
G D V P Q G J S J K X H V H W G V Q E
K G O N K Z N P P E A C D M N J Q D H
L P G Z M U P U N J G Y F I R M I A E
I U O Z W C M L R E A I M N S A G Q G
N C A H T R T A S E Z Y U K W V F T R
G B W S R U S I X S M G N E F O N Q E
E O N N R Y C P X V E M H C U G Z M M
L K Q N G H M W F J P Z E C G E N D M
S M Y I T N C L G S M H I A C L F M A
T W N E U E R H B T K E M E D S K U J
R G R U L Z G W Y I Z X L X E C V T Z
E V X J H T V T T N E E I V K H A F A
I P Q O Z I Z P V T A N C V M E Z N V
C X J N V N V J V U H T H J O U X Q E
H P Q H K H U E J E T R O V N C F S K
R K R C H C B M C B Z E T F H H A P V
M X G L Y S B V E F I F R S A E J K H
E K B D X O W H R Y Y F P B Q C H Y E
K U Y U D B H J F C L E V B R W N V R
Z G A E M O X T B N W N V K Q M I Z R
```

1

```
I Y E S L H N V I S X P C M L F O U R
I L B R U F E N V H I Y I X U T L H Q
D C J S V Y B T H Z O G E Z F D Z Y V
K Q X S G I R U A H C S Y G L H H Q U
A O S E Z Y M H E X E N K E S S E L C
R S R R H J L A P R F C T P M Q R K L
V C L I L H V H P Z C Y S Z M C T Z K
J H E O N U E R U Y H A F N E W Y B U
R O U S E I O S S B W M B W X N P O S
W E C S L S D G S V O F P F L V A X E
P N H E E D M I I L H M G S M V D Y J
S Y T C I K V I B E K R D P C J P O Q
S K E C P C Q I R S B K D X J Y T Y A
O U N A S V Q E E U N C G I B R P M A
L E D D C M A D U R Y M C S H O Z V A
H R E B R X H M K G X J G E S I C H T
C B S C S W Z P K W Q E U X L H W U
S I Y I I G O D S I Y O N V S G P D M
U S H E U T X L M S R J W G M I H W Z
T U R D L C V A K Z A E Q D G A J Q E
W T G I R U A H C S C D T N B F K V Y
S T Z   N N A M N E H C O N K G A K M
T M M N K F B S V G B V Y A Y T R D D
S Y G X N D F N B T I H B T K E B R H
```

15

LEUCHTENDES KUERBIS GESICHT   KUERBISSUPPE
GRUSEL ACCESSOIRES   KNOCHENMANN
STREICH SPIELEN   HEXENKESSEL
SCHAURIG SCHOEN   VAMPIRE
SCHAURIG RUFEN   SCHLOSS

Lösung

```
I Y E S L H N V I S X P C M L F O U R
I L B R U F E N V H I Y I X U T L H Q
D C J S V Y B T H Z O G E Z F D Z Y V
K Q X S G I R U A H C S Y G L H H Q U
A O S E Z Y M H E X E N K E S S E L C
R S R R H J L A P R F C T P M Q R K L
V C L I L H V H P Z C Y S Z M C T Z K
J H E N U E R U Y H A F N E W Y B U
R O U S E I O S S B W M B W X N P O S
W E C S L S D G S V O F P F L V A X E
P N H E E D M I I L H M G S M V D Y J
S Y T C I K V I B E K R D P C J P O Q
S K E C P C Q I R S B K D X J Y T Y A
O U N A S V Q E E U N C G I B R P M A
L E D D C M A D U R Y M C S H O Z V A
H R E B R X H M K G X J G E S I C H T
C B S C S C W Z P K W Q E U X L H W U
S I Y I I G O D S I Y O N V S G P D M
U S H E U T X L M S R J W G M I H W Z
T U R D L C V A K Z A E Q D G A J Q E
W T G I R U A H C S C D T N B F K V Y
S T Z N N A M N E H C O N K G A K M
T M M N K F B S V G B V Y A Y T R D D
S Y G X N D F N B T I H B T K E B R H
```

U	F	K	H	A	I	E	C	F	O	E	H	E	M	X	H	H	K	L
E	C	V	G	N	J	U	J	D	I	L	I	M	W	K	T	A	K	E
J	X	J	X	R	J	F	I	Z	M	W	W	L	M	Q	V	U	G	U
S	S	O	T	U	U	C	M	D	C	N	W	M	L	G	H	S	U	V
A	X	H	O	R	C	D	L	X	M	R	D	R	S	O	T	B	A	M
T	H	F	G	T	T	V	P	N	G	O	S	V	Y	B	L	Y	F	Y
X	A	R	A	F	S	G	P	M	P	N	U	F	Z	O	H	K	H	L
Y	U	C	L	B	V	I	J	V	B	S	B	F	V	R	V	X	V	I
Y	S	G	T	C	R	Z	D	U	U	P	E	R	P	O	O	T	S	T
M	O	J	D	Z	X	S	A	E	U	J	Z	R	P	L	N	C	W	E
A	K	O	T	R	A	W	P	K	O	G	T	S	L	Y	Q	O	C	U
U	B	B	M	N	L	E	G	N	I	L	K	U	Q	P	J	E	P	U
H	J	B	L	H	P	F	R	F	Y	K	S	H	W	T	T	Y	C	P
N	Q	E	K	W	P	W	U	T	W	T	R	P	T	I	W	K	Q	E
Q	Z	B	L	F	M	I	Q	N	I	W	Q	B	R	E	Y	I	V	C
C	N	W	R	P	X	T	M	G	B	M	M	C	N	R	R	S	I	W
U	T	H	C	A	N	R	E	U	A	H	C	S	R	E	O	U	A	J
F	U	X	M	S	E	Y	A	N	F	A	S	T	O	X	R	E	N	R
K	Y	P	U	K	G	O	K	S	B	Z	C	X	C	E	R	L	Z	D
H	M	O	T	B	Y	J	W	K	E	Z	H	Z	H	H	O	P	T	F
P	K	T	I	T	X	A	E	L	U	R	L	I	V	A	H	B	V	T
E	V	K	O	S	E	B	A	T	C	T	U	T	S	S	A	P	S	E
X	P	Z	S	W	M	W	Y	M	K	I	R	A	A	U	H	B	I	V
N	L	O	F	A	V	X	L	E	S	X	Y	Q	S	R	E	U	L	E

16

VON HAUS ZU HAUS

SCHAUERNACHT

KLINGELN

HEXEREI

LUSTIG

HORROR

SAURES

SPASS

LOLLI

EULE

```
R  H  I  P  B  P  K  F  A  A  G  V  D  A  D  R  Q  K  J
Q  X  X  Y  E  J  A  T  G  V  O  H  P  L  L  R  L  L  P
P  C  C  U  U  U  K  R  E  B  O  T  K  O  H  U  W  Q  Q
H  U  B  C  L  Z  D  R  P  X  M  L  B  A  Z  F  I  K  T
B  A  A  I  U  Z  I  Y  D  K  L  S  L  F  X  U  P  A  B
Y  R  G  T  X  D  E  D  Y  E  Y  L  L  A  L  W  X  U  L
I  N  Y  O  G  D  O  R  Y  G  O  G  I  M  D  S  O  O  T
V  B  D  F  E  Y  Q  R  F  W  E  J  J  H  H  Y  X  Q  G
A  E  I  K  N  T  X  J  E  E  C  V  V  N  F  W  N  H  Y
K  J  N  R  I  K  X  E  U  Q  F  B  H  D  C  X  A  H  R
V  S  A  Z  E  C  N  C  U  S  T  J  O  I  H  U  D  X  T
R  Z  R  I  S  L  H  Z  N  O  Q  W  P  Q  S  B  Y  W  B
X  S  E  V  S  L  U  Z  I  A  Z  L  R  T  V  L  Y  V  X
A  N  W  D  E  J  Z  A  B  H  Z  R  U  E  N  U  X  X  N
H  N  L  A  N  W  X  B  Q  G  E  E  G  L  L  T  C  Y  B
T  F  H  M  N  S  R  N  G  Q  R  U  R  F  O  A  O  E  T
H  R  E  T  S  G  I  S  S  I  E  R  D  D  N  U  N  I  E
H  F  V  O  R  F  J  C  X  N  E  N  N  E  R  G  E  W  G
G  R  U  S  E  L  M  A  S  K  E  N  W  I  S  E  U  D  G
T  J  B  I  L  V  Z  S  G  I  R  U  A  H  C  S  F  E  M
B  A  S  T  E  L  N  P  D  V  A  Q  Y  W  E  L  V  R  U
I  J  N  N  X  U  B  W  G  B  W  T  S  B  I  N  W  W  E
K  O  G  L  N  P  Z  Z  T  S  I  Q  V  Q  L  R  R  J  S
U  W  Y  R  H  B  O  T  X  X  O  G  A  C  R  R  G  F  X
```

17

EINUNDDREISSIGSTER OKTOBER
GRUSELMASKEN BASTELN
VOR DER HAUSTUER
HALLOWEEN
GENIESSEN

WEGRENNEN
SCHAURIG
BLUTAUGE
FAULIG
BUH

```
G V S R P S A V I V O L P O U K G J U
L R M P W X D T W E A J H H N M K I L
Y A U E V D E T N E E X L M A U J N R
Q L M S E Z G G R E X T K Y K M T Z R
T O I Z E B L B V P F N Y F H I X X E
J P M M N L E I S Y C U A J C E M G F
J V X P U P K E Z K B G A A A J Z M B R
R R R L P D G O T W G Q Q L J L N S T
N N P R L M R R S R R Q W Q G F M X H
Q F O N G G E Y P T T V X R V E O M S
G D K Q C X B C R M U O X Q P B W N U
N E K C E R H C S R E E E T H C B N E
Z X F A H Y O L S E S R M S Q Q D K S
T J A W R Q B M X I R N I V L T R L S
R X A G H C E K S C H N E I D E R N I
K L E A N C K O S T U E M E G H V M G
Q I G C F B U W O C P Y N C N R H L K
F A L B Z P O X S C H M I N K E N V E
S H E R B S T F A R B E N S I X V L I
G R U S E L G E R A E U S C H E S M T
A X D D R S G C B T I T O I N U F N E
U N N D U G R U B L E S U R G W E Q N
G N P O C R S I R D L Y E G N V F F U
T F U U U Z I M O L Z K S B P A A S U
```

KOSTUEME SCHNEIDERN ERSCHRECKEN
GRUSELGERAEUSCHE WEGLAUFEN
GRUSELKOSTUEM SCHMINKEN
SUESSIGKEITEN MUMIE
HERBSTFARBEN GRUSELBURG

Lösung 16

Lösung 17

Lösung 18

1